# Der Euro –
# die Endlösung für Europa?

*Über das Buch*

Bei der Wiedervereinigung Deutschlands war der internationale Druck auf die Bundesregierung so massiv, daß die Zusammenführung der beiden deutschen Staaten nur um den Preis der Aufgabe der D-Mark zu erlangen war.
Laut einem Regierungsdokument sagte Kohl in einem vertraulichen Gespräch mit dem damaligen US-Außenminister Baker: »Diesen Entschluß habe ich gegen deutsche Interessen getroffen.« Bei den Wiedervereinigungsverhandlungen mit den alliierten Siegermächten in Straßburg »habe ich die dunkelsten Stunden meines Lebens durchgemacht«, gestand Kohl dem *Spiegel*. Thatcher und Mitterrand gingen mit unglaublicher Härte und Kompromißlosigkeit vor, um die starke D-Mark zu beseitigen und die Macht der ihnen verhaßten Bundesbank zu brechen.
Eine solche, nur auf machtpolitischen Interessen basierende Währungsunion ist zum Scheitern verurteilt. Alle ökonomischen Gründe sprechen derzeit gegen eine Einführung des Euro. Der Autor dieses brisanten Buches zeigt logisch und für jedermann nachvollziehbar, warum der Euro wirtschaftlich und politisch in einer Katastrophe enden wird, deren Folgen kaum absehbar sind.

GÜNTER HANNICH

# Der Euro – die Endlösung für Europa?

## Mit praktischen Ratschlägen, wie Sie Ihr Vermögen retten

JOCHEN KOPP VERLAG

Für die private Vermögensverwaltung und Geldanlage ist jeder selbst verantwortlich. Daher kann von Seiten des Autors keinerlei Verantwortung für Schäden übernommen werden, die durch unzutreffende Schlußfolgerungen aus Hinweisen dieses Buches entstanden sind. Die Informationen sind gründlich recherchiert worden. Trotzdem kann der Autor keine Gewähr für ihre Richtigkeit übernehmen.

2. überarbeitete Auflage


Satz und Layout: Agentur Pegasus, Zella-Mehlis
Umschlaggestaltung: ARTELIER/Peter Hofstätter
Lektorat: Andreas von Rétyi
Karikaturen: Manfred Wenzel, Köln
Druck und Bindung: Wiener Verlag, Himberg

ISBN 3-930219-37-9

*Gerne senden wir Ihnen unser Verlagsverzeichnis:*
Kopp Verlag
Graf-Wolfegg-Str. 71
D-72108 Rottenburg
Email: info@kopp-verlag.de
Tel.: (0 48 45) 79 04 - 0
Fax: (0 48 45) 79 04 - 11

*Unser Buchprogramm finden Sie auch im Internet unter:*
http://www.kopp-verlag.de

# Inhalt

*»Die Selbstvernichtung des Kapitalismus wird mit der Zerstörung seiner Währungen beginnen.«*
Lenin

# Vorwort

Als der Euro 1999 offiziell als Buchgeldwährung in Europa begründet wurde, feierten die Medien und Politiker dies als großen Fortschritt für Europa. Vergessen schien die jahrelange uninformative, seltsame Einführungsphase, in der weniger versucht wurde, die Öffentlichkeit mit sachlichen Argumenten zu überzeugen, als vielmehr schlichtweg ihre Emotionen anzusprechen.

Abgesehen davon, daß die Einheitswährung permanent an Außenwert verlor und sich damit eine unangenehme Vorahnung bei der Bevölkerung einschlich, bemerkten die Bürger bisher noch recht wenig konkrete Nachteile. Je näher nun jedoch die endgültige Verdrängung der nationalen Währungen kommt, um so mehr Menschen befürchten zu Recht deutliche Nachteile.

Fatalerweise glauben heute die meisten, daß der Euro bereits eine feste Realität sei und der einzelne »eh nichts machen kann«. Wenig bekannt ist, daß die eigentlich kritische Einführungsphase noch gar nicht begonnen hat und die weiteren Vorgänge keineswegs so ablaufen müssen, wie es die Verantwortlichen gerne behaupten. Die Geschehnisse könnten sich dabei zu einer deutlichen Gefahr für das persönliche Vermögen entwickeln.

Was heute mehr denn je fehlt, sind grundlegende Vorstellungen davon, was die Einheitswährung bedeutet, welche Gefahren daraus entstehen und wie dieser Bedrohung im Interesse der persönlichen Vermögenssicherung begegnet werden kann. Sehr schnell wird dann deutlich, daß es beim Thema »Euro« keineswegs um »Meinungen«, also um objektiv unbestimmbare, persönliche Vorlieben, geht, sondern daß die Angelegenheit ganz einfach rational erklärt und beurteilt werden kann und muß. Schon in seinem ersten Buch

»Sprengstoff Geld« konnte der Autor mittels seiner Kenntnis des Finanzsystems die Rußlandkrise ein dreiviertel Jahr im voraus ankündigen und auch die Brasilienkrise mit über einem Jahr zeitlichen Vorsprungs prognostizieren, bevor sie dann auch tatsächlich eintrat. Dieses Buch informiert deshalb nunmehr über die Hintergründe der Einheitswährung, es zeigt auf, warum sie zum Scheitern verurteilt ist und wie der einzelne am besten auf die gesamte, sich abzeichnende Bedrohung reagieren kann.

*»Ein deutscher Bundeskanzler wird im Kreise seiner europäischen Partner niemals fordernd auftreten, geschweige denn den starken Mann markieren. Ein französischer Minister mag seinen Bonner Kollegen vielleicht erst im Arbeitszimmer begrüßen, der Deutsche empfängt den Gast aus Paris an der Haustüre.«*

Süddeutsche Zeitung, 29.9.1998

# Die eigenartige Entwicklung zum Euro

Die Einführung des Euros wurde mit großem Medieneinsatz forciert. Dabei begannen die Kampagnen für die europäische Einheit schon in den fünfziger Jahren, als beispielsweise eine französische Wochenschau die angeblich vorbildliche Entwicklung der Sowjetunion als Beispiel dafür anführte, daß Europa auch einen großen Wirtschaftsraum brauche. Dadurch würden Angebot und Nachfrage steigen und sowohl die Betriebe als auch die Landwirtschaft davon profitieren.[1] Nach dem Scheitern der EU in der Landwirtschaftspolitik und nach dem Zerfall der Sowjetunion lassen sich heute solche Argumente kaum noch anführen, weshalb die Propaganda zum Euro diesmal in anderer Richtung geführt wurde – und auch massiver. Schon dieser Umstand zeigt, daß das Großkapital an der Einheitswährung starkes Interesse haben muß und sie deshalb gegen alle Widerstände durchgesetzt werden soll. Wenn sich die Politiker ansonsten in fast allen Fragen uneinig sind, so waren sie bei der Aufgabe der Währungssouveränität doch eigenartigerweise gleicher Meinung.

Die Einführung der Einheitswährung wurde mit weit über 90 Prozent im Bundestag abgesegnet, obwohl der Großteil der Bevölkerung gegen das Projekt war. Eigentlich sollte das Parlament die Wünsche des Volkes widerspiegeln und repräsentieren, doch war davon wenig zu bemerken. Umfragen ergaben später, daß die Politiker weder über die Zusammenhänge wirklich Bescheid wußten noch grundsätzliche Daten, wie beispielsweise die Stabilitätskriterien, auch nur annähernd kannten. Ganz im Gegensatz dazu waren im Herbst 2000 ganze 63 Prozent der Deutschen, im Osten sogar 77 Prozent, gegen die Abschaffung der D-Mark.[2]

Schon an der Hartnäckigkeit, mit der die somit bei einem Gros der Bürger unbeliebte Maßnahme gegen das eigenen Volk durchgepeitscht wurde, kann vermutet werden, daß die Entscheidungsträger möglicherweise unter enormem Druck gestanden haben. Daß auch zu keinem späteren Zeitpunkt nie daran gedacht worden war, die Bevölkerung in irgendeiner Art und Weise an der Entscheidungsfindung zu beteiligen, zeigte nicht zuletzt die Reaktion der Presse, als EU-Kommissar Verheugen richtigerweise dazu aufforderte, die deutsche Bevölkerung über die EU-Osterweiterung abstimmen zu lassen. Es wurde erklärt, die Äußerungen Verheugens seien unverantwortlich, da das Grundgesetz keine Volksentscheide auf Bundesebene vorsehe. Auch sei der Vorschlag unverständlich, da er als Erweiterungskommissar für das gute, reibungslose Gelingen der Beitritte zu sorgen, mit seinen Äußerungen jedoch den Eindruck erweckt habe, selbst gegen die Erweiterung zu sein.[3]

Allerdings war nirgendwo in der Presse die Rede davon, daß es verfassungsrechtlich mehr als fraglich ist, wenn eine kleine Minderheit von Politikern die gesamte Währungssouveränität des Landes entgegen der Volksmeinung aufgegeben hat, daß also nicht nur über die Osterweiterung, sondern über das komplette Euro-Projekt abgestimmt werden müßte.

*»Dublin, April 1990: Zwei Monate zuvor hatte Gorbatschow den Weg zur Vereinigung Deutschlands freigegeben, zum Entsetzen von Mrs. Thatcher, zum Kummer von Francois Mitterrand. Man sann darüber nach, wie man das neue ›starke‹ Deutschland, das zum Fürchten sei, zusätzlich einbinden könnte. Am Horizont tauchte Maastricht auf, der Vertrag über die Europäische Union.«*
Die Welt, 27.4.2000

## Druck auf Deutschland

Es stellt sich die Frage: Wenn Deutschland finanziell und ökonomisch gar keine Interessen an einer Einheitswährung haben kann – warum traten dann gerade deutsche Politiker so vehement für das unbeliebte Einheitsprojekt ein?

Der geschichtliche Hintergrund könnte eine Antwort auf diese Frage bereitstellen: Als 1990 die deutsche Einheit ins Haus stand, war das für die meisten europäischen Nachbarn eine als durchaus bedrohlich anzusehende Entwicklung. Man hatte anscheinend Angst vor der gesteigerten Wirtschaftskraft der wieder vereinigten Nation. Deshalb waren jene Länder wahrscheinlich nachhaltig darum bemüht, das neu zusammengeführte Deutschland nunmehr so fest in Europa einzubinden, daß es seine eigenständige Wirtschaftspolitik verlieren würde, schlichtweg, indem ihm die Währungssouveränität genommen wird. Der Beschluß, die D-Mark abzuschaffen, erfolgte deshalb nach Verwirklichung der deutschen Einheit im Jahr 1992 durch den Vertrag von Maastricht. Diese Annahme stützt auch eine Aussage des ehemaligen Zentralbankchefs von Hamburg, Professor Nölling:

*»Soweit wir wissen, haben diese Länder gefordert als Zustimmung zur Vereinigung ... die sie vielleicht nicht verhindern konnten, daß Deutschland eingegittert, gefesselt werden müßte und zu diesem Zwecke kann man nichts besseres tun, zusätzlich zur NATO und zur Integration in Europa, als auch die Währung zu vereinheitlichen.«* [4]

Wie wir später noch sehen werden, wird diese Annahme auch von einer Reihe von Professoren geteilt, die vor dem Bundesverfassungsgericht gegen den Euro klagten.

Um die Hintergründe zu beleuchten sowie die heutigen Vorgänge genau einschätzen zu können, sollte man sich noch einmal die Entwicklung zum Euro näher ansehen. Hier stellt sich zunächst die Frage, wie die Einführungsphase abgelaufen und ob der Euro wirtschaftlich sinnvoll ist beziehungsweise welche Gefahren er für die Länder hervorruft.

*»Deutschland kann sich seinen Verpflichtungen bei der Neugestaltung Europas nicht entziehen, auch wenn dies zunächst Opfer fordert.«*
Norbert Blüm

## Vertrag von Maastricht

Beschlossen hatte man die Einführung des Euros endgültig 1992 in einem Vertrag, der in Maastricht ratifiziert wurde. Den Weg zum Euro konzipierten die Verantwortlichen dabei als einen Vorgang in drei Hauptstufen, denen eine Vorbereitungsphase vorauszugehen hatte.

Vorbereitungsphase:

Ende des Jahres 1995 verabschiedete der Europarat das Einführungsszenario

Am 1.1.1997 wurden die rechtlichen Rahmenvorschriften für den Euro und für die Europäische Zentralbank festgelegt.

Anfang 1998 erfolgte die Entscheidung über die Teilnehmerländer, und im Verlauf des Jahres 1998 wurden die Rechtsvorschriften erlassen sowie die Entscheidung über das geldpolitische Instrumentarium der Europäischen Zentralbank gefällt.

Am 1.1.1999 erfolgte die Festlegung der Wechselkurse, die Europäische Zentralbank übernahm die Kontrolle über die Geldpolitik, und Geldüberweisungen zwischen Banken wurden aufgrund der Euro-Verrechnungseinheit durchgeführt.

Am 1.1.2002 sollen alle nationalen Währungen durch Ausgabe von Euro-Bargeld beseitigt werden.

Am 1.1.1999 wurde dann der Euro, wie geplant als Buchgeld-Verrechnungseinheit unter großem Jubel von Politikern und Presse begründet.

Hier tauchten aber schon die ersten Mißverständnisse auf: Nach Beginn der Einführungsphase des Euros seit Januar 1999 war in der breiten Bevölkerung der Eindruck entstanden, daß die Einheitswährung schon begründet sei. Jedoch wurden bisher nur die Wechselkurse »unwiderruflich festgelegt«. Der Euro wurde dabei als Nachfolger des ECU im Sinne einer rein fiktiven Rechnungseinheit definiert. Eigentlich wurde nur der gescheiterte »ECU« in den »Euro« umbenannt. Im Unterschied zum ECU wurde allerdings die Währungssouveränität an die Europäische Zentralbank (EZB) abgegeben. Das heißt, daß die Deutsche Bundesbank nun nicht mehr befugt ist, eine eigene Geldpolitik zu verfolgen.

Richtig eingeführt ist der Euro erst, wenn die nationalen Währungen beseitigt und überall Euro-Bargeld als alleiniges Zahlungsmittel ausgegeben wurde. Es scheint so, daß die Bevölkerung mittels dieser Begriffsverwirrung davon überzeugt werden soll, daß der »Euro« nicht mehr aufzuhalten sei. Doch schon die Diskussion vor 1999 war sehr eigenartig.

*»Frankreich will vor allem die Deutsche Bundesbank in den Griff bekommen«*
Bernard Conolly, EU-Spitzenbeamter[5]

## Die Einführungsphase – Lug und Trug

Die Einführungsphase des Euros war eine Zeit voller Widersprüche und Täuschung der Öffentlichkeit, in der kritische Stimmen kaum vorhanden waren oder nicht zu Wort gekommen sind. Die Medien waren sich in ihrer Berichterstattung und Einstellung nahezu einig, werteten doch die meisten Meldungen den Euro als einen Segensbringer für Europa. Daß es jedoch mit diesem Euro-Projekt nicht so ganz stimmen konnte, wurde den kritischen Beobachtern klar, als sich immer auffallender herauskristallisierte, wie stark sämtliche Sachgründe einer sehr emotional betonten Argumentation wichen. So wurden beispielsweise großangelegte Werbekampagnen mit dem Fußball-Bundestrainer gestartet, unter der nichtssagenden Überschrift: »Der Euro ist ein Steilpaß in das nächste Jahrhundert« und »Europa ist Zukunft«.

Ob ein Fußballtrainer überhaupt kompetent sein kann, eine solch entscheidende Frage der Währung zu beurteilen, wurde allerdings nicht gefragt. Vielmehr versuchte man mit dieser Werbung, den fußballbegeisterten und nicht gerade unerheblichen Teil der Bevölkerung emotional anzusprechen und entsprechend zu manipulieren. Ebenso wurde in den Medien fast nie über die eigentlichen Probleme der Einheitswährung berichtet. Statt dessen war es für die Meinungsbildner wichtiger, die Bevölkerung über unwichtige Fragen zu informieren, wie zum Beispiel, was nun aus einer Münzsammlung werde, oder was wohl ein Pfund Kaffee kosten werde, wenn der Euro realisiert sei. Die Presse legte auch großen Wert auf

***Bild 1: Typische Desinformationswerbung während der Euro-Diskussion[6].***

die Frage, was mit den alten Geldscheinen passieren solle. Man diskutierte, ob verbrennen oder kompostieren besser sei – so geschehen in der *BILD-Zeitung* vom 26. Februar 2001. Teilweise tauchten anstelle einer effektiven Information auch kuriose Meldungen auf, wie die Befürchtung der EU-Kommission, daß bei der Einführung von Euro-Bargeld Anfang 2002 die Banken-Gebäude möglicherweise Schaden nehmen könnten – durch das Gewicht alter und neuer Münzen.[7] Die Beeinträchtigungen durch den Euro werden allerdings, wie wir noch sehen werden, weitaus größer sein als die Befürchtung, ein paar Bankhäuser könnten hier und da Risse bekommen.

Um den Bürgern die endgültige Abschaffung der nationalen Währungen durch die Einführung von Euro-Bargeld zu versüßen, wurde angekündigt, für 20 D-Mark sogenannte Starterkits mit den wichtigsten Euro-Münzen abzugeben. Der Wert dieser Kits solle einen Cent (ca. zwei Pfennig) höher ausfallen als die de facto bezahlten 20 D-Mark, was die Verantwortlichen als »großzügige Dreingabe« bezeichneten.[8] Statt wirkliche Aufklärung zu betreiben, waren sich die sonst zerstrittenen Parteien darüber einig, daß der Euro durch verstärkte Werbekampagnen beliebt gemacht werden solle. Bundeskanzler Schröder rief beispielsweise dazu auf, verstärkt nicht nur an den Verstand, sondern auch an die Herzen der Bürger zu appellieren. Dem stimmte die Oppositionspartei zu, als Fraktionschef Merz dazu aufrief, den Menschen ihre Ängste zu nehmen, da die Politik die Zustimmung der Bevölkerung benötige, die momentan eben nicht vorhanden sei.[9] In die Desinformationskampagne fügten sich Äußerungen des ehemaligen Finanzministers Waigel, der behauptete, daß der Euro die »einzig richtige und gerade noch rechtzeitige Antwort auf die Globalisierung der Märkte« gewesen sei. Heute sehe er den Euro als Klammer für den Verbund der Länder, Europa brauche einen einheitlichen Binnenmarkt mit einer gemeinsamen Währung.[10] Das war allerdings nur eine Behauptung, deren Beweisführung nach wie vor aussteht.

Doch gingen die Kunstkniffe der Verantwortlichen noch viel

weiter: Ausgiebig wandten sie Tricks der Massenpsychologie an, die darin bestanden, der Bevölkerung eine für sie unangenehme Entscheidung bekanntzugeben und dann sofort in Scheingefechten zwischen Befürwortern und beabsichtigt zum Einsatz kommenden Gegnern totzureden. So wollten die Bürger bald nichts mehr von der Sache wissen und gewöhnten sich an die ungeliebte Entscheidung.

*»Um das Vertrauen in den Euro zu stärken, hat die EU-Kommission 170 Wissenschaftler und Wirtschaftsexperten in allen EU Staaten vertraglich verpflichtet. Mit wissenschaftlicher Objektivität sollen sie Ängste und Vorbehalte besorgter Bürger ausräumen. ... In dem Maulkorbvertrag der Kommission heißt es wörtlich: ›Sie werden insbesondere auf jede persönliche oder subjektive Interpretation der Kommissions-Informationen verzichten.‹ Auch bei persönlichen Äußerungen ›dürfen Sie keine Ansichten äußern, die denen der Kommission widersprechen‹.«*

Focus 19/1997

# Die Eurokampagne – ein psychologisches Meisterstück

Als die Pläne zur Begründung der Einheitswährung in der breiten Presse bekanntgegeben wurden, regte sich in der Bevölkerung ein scharfer Protest. Angebliche »Eurogegner« traten mit unbegründeten Argumenten wie »der Euro bringt Inflation« auf, und die sogenannte breite Bevölkerung erhielt den Eindruck, daß ihre Interessen würdig vertreten seien. Die wirklich triftigen Argumente gegen die Einheitswährung wurden gar nicht geäußert und interessierten auch bei jenem Scheingefecht zwischen Befürwortern und angeblichen Gegnern niemanden. Nach einer Ruhephase schwenkten immer mehr »Eurogegner« zu den Befürwortern über, und da sich auch das Inflationsargument nicht bewahrheitete, hatten die Bürger plötzlich den Eindruck, daß die Argumente gegen den Euro an sich haltlos seien. Die Einheitswährung konnte dann Anfang 1999 ohne Widerstand und wie geplant begründet werden.

Daß jedoch die entscheidende Phase der Euro-Einführung noch gar nicht begonnen hat, interessiert heute nur noch die wenigsten. Durch die breite Diskussion von Scheinargumenten konnten die

Emotionen der Masse ausgelebt werden, und es ist nicht einmal dann Widerstand zu befürchten, wenn der Euro seine fatalen Eigenschaften zeigt. Die psychologische Strategie ging und geht immer noch in die Richtung, die Bevölkerung auf unwichtige Scheinargumente zu konzentrieren, um die eigentlichen Gefahren des Euro-Projektes verdecken zu können.

Ein übriges taten offizielle Stellen, die alles unternahmen, um handfeste kritische Argumente unter den Teppich zu kehren und Gegner mundtot zu machen. Der Internationale Währungsfond (IWF) warnte sogar vor einer Debatte um die Einführung des Euro und erklärte, daß nur Optimismus für Stabilität sorge.[11] Die Schuld für ein Scheitern der europäischen Einheitswährung wurde damit schon im Vorfeld den Kritikern zugeschoben, die Streit provozieren und somit große Kapitalumschichtungen und Währungsschwankungen verursachen würden. Auch die Kirchen brachten leider keinerlei kritische Stellungnahmen zum Euro-Projekt. So wurde in einer Stellungnahme der Bischöfe der Kommission der Bischofskonferenzen der Europäischen Gemeinschaft Ende 2000 ganz nach der üblichen Euro-Propaganda erklärt, daß die Währungsumstellung Vorteile beim Reisen bringen und Preise vergleichbar würden. Auch hätte schon die Aussicht auf den Euro die Finanzkrisen aus Asien und Rußland weitgehend von Europa ferngehalten. Weiterhin solle der Wettbewerbsdruck innerhalb der Union die Erneuerung der Volkswirtschaften bringen. Außerdem wäre es ein fundamentaler Irrtum, zu behaupten, daß mit der Währung neue Mauern errichtet würden. Mit dem Euro würde vielmehr ein neuer Stabilitätspol in Europa errichtet. Auch zwei Jahre nach der Begründung des Euros, wäre dieser zu einem Faktor stabilitätsfördernder Zukunftsgestaltung geworden. In ihm schwinge die Hoffnung auf ein solidarisches Europa mit. Dies öffne den Weg für neue Solidaritäten nach innen und außen.[11a] Es stellt sich die Frage, inwieweit die Bischöfe frei urteilen konnten und ob sie überhaupt die Kompetenz besaßen, solch eine Beurteilung abzugeben?

In diesem Umfeld war kaum an eine kritische Diskussion zu denken. Überhaupt wurde mit Kritikern nicht gerade glimpflich umgegangen. Ein Beispiel dafür war der ehemalige hohe EU-Beamte Bernard Conolly, der seit 1990 bei der EU-Kommission als Referatsleiter direkt an den Maßnahmen zur Vorbereitung der Währungsunion beteiligt war. Conolly versuchte die Bevölkerung zu warnen und äußerte deshalb seine Überzeugung, daß die Einheitswährung die politische Zwietracht in Europa vergrößern und zu schweren ökonomischen Schäden führen werde. Doch dafür erhielt er nie die Erlaubnis seines Dienstherren, weshalb er ein brisantes Buch veröffentlichte, in dem er die europäische Währungsunion als verrottetes, verfaultes Projekt beschrieb. Durch ein Disziplinarverfahren der EU-Kommission wurde der Brite wenig später entlassen. Wie zu erwarten war, wurde diese Entlassung auch Anfang 2001 vom Europäischen Gerichtshof gebilligt mit der Begründung, daß Conolly einen kritischen, die EU-Kommission beleidigenden Text unerlaubt veröffentlicht und damit das Grundrecht auf freie Meinungsäußerung als Beamter überschritten habe.[11b]

Kaum gewürdigt wurde jedoch, daß hier ein Insider des Projektes auf Mißstände aufmerksam machen wollte und sich dabei seinem Gewissen verpflichtet fühlte, Schaden von Europa fernzuhalten.

Meist beschränkte sich Euro-Kritik auf Diskussionen über die an sich unwichtigen *Stabilitätskriterien.* Damit wurden sämtliche Gedanken auf einen unwesentlichen Bereich reduziert und konzentriert. Kritischen Argumenten war damit von vornherein die Grundlage entzogen. Doch vergessen wurde bei der Diskussion um die Stabilitätskriterien, daß die Werte willkürlich, ohne ökonomische Rechtfertigung festgelegt wurden. Warum sollte eine Staatsverschuldung von 60 Prozent in Ordnung sein, während eine von 70 ungesund sein soll? Auch Euro-Befürworter gaben hier zu, daß kein fundierter Hintergrund für die Kriterienfestlegung existierte. Völlig unterdrückt wurde die große Gefahr in der Einführungsphase der Einheitswährung:

Der Euro ist seit Anfang 1999 durch Festsetzung der Wechselkurse als Rechnungseinheit eingeführt worden. Erst ab dem Jahr 2002 wird Bargeld als Euro ausgegeben. Die Festsetzung der Wechselkurse über drei Jahre bietet, wie wir noch sehen werden, einen Angriffspunkt für Spekulanten, die in einem wirtschaftsschwachen Land Schulden aufnehmen und den Betrag sofort in harte Währung tauschen. Dadurch entstehen Spannungen, die letztlich dazu zwingen, den Wechselkurs wieder anzupassen. Die Spekulanten können dann die entwerteten Schulden wieder zurückzahlen. Das gleiche Vorgehen war am 15.9.1992 zu beobachten, als der Multispekulant George Soros das Europäische Währungssystem durch nichts anderes als wiederum Spekulation sprengte. Offenbar hat man seither nichts aus der Geschichte gelernt. So rechnet der Wirtschaftswissenschaftler und ehemalige Berater des englischen Wirtschaftsministers Dr. Walter Eltis damit, daß die Euro-Gemeinschaft bereits nach kurzer Zeit wieder zerfallen werde. Auch George Soros hat bereits angekündigt, den Euro vernichten zu wollen.[12]

*»Ich stehe denen viel näher, die wirtschaftliche Verflechtungen zwischen den Nationen minimieren statt maximieren wollen. Ideen, Wissen, Kunst, Gastfreundschaft, Reisen – diese Dinge sollten von ihrer Natur her international sein. Aber die Güter sollten einheimisch sein, wann immer dies vernünftig und möglich ist. Und vor allem sollte das Finanzwesen primär national sein.«*

John Mayard Keynes

## Deutschland soll zahlen

Langsam kam auch Kritik an der einseitigen Lastenverteilung in der EU an die Öffentlichkeit. So zahlte Deutschland allein 1995 etwa 25 Milliarden DM mehr in die EU-Kasse als daraus zurückfloß. Andere Länder, wie z.B. Spanien oder Frankreich, waren Nettoempfänger und drängten verständlicherweise auf eine schnelle Weiterführung des Einheitsprozesses. Weit überschätzt wurde im allgemeinen auch die Abhängigkeit Deutschlands vom EU-Markt. So hängt hierzulande nur jeder achte Arbeitsplatz von der Ausfuhr in den europäischen Binnenmarkt ab, im Durchschnitt der anderen Mitgliedsländer hingegen jeder sechste.[13] Vergessen wird jedoch bei der Euro-Diskussion, daß die Abgabe der Währungssouveränität an die Europäische Zentralbank (EZB) vor allem für Deutschland einen großen Verlust bedeutet, weil der ansehnliche Bundesbankgewinn wegfällt.

Das Ifo-Institut erklärte, daß die Einführung des Euro-Bargeldes Anfang 2002 Deutschland einen Verlust von knapp 60 Milliarden DM bereiten werde. Dieser Betrag ergebe sich laut Ifo-Präsident Hans-Werner Sinn aus der Übertragung des Gewinns bei der Bargeldschöpfung von den nationalen Notenbanken auf die EZB. Deutschland sei dabei der größte Verlierer der Währungsunion, Frankreich demgegenüber der größte Gewinner. Die Experten erklärten, daß der sogenannte Geldschöpfungsgewinn dadurch entstehe, daß die Notenbank das von ihr geschöpfte Bargeld den Privatbanken zur Verfügung stellt und diese dafür wiederum Wertpapiere bei der Notenbank hinterlegen müßten. Für die als Sicherheit dienenden Wertpapiere erzielt die Notenbank einen Zinsgewinn, der zur Finanzierung des jeweiligen Staatshaushalts beiträgt, was mit der Einführung des Euros wegfallen werde. Die EZB verteilt die an sie gehenden Gewinne dann nach einem im Vertrag von Maastricht festgelegten Schlüssel, der Länder wie Deutschland stark benachteilige. Während Deutschland 39 Prozent zum gesamten Geldschöpfungsvermögen von 688 Milliarden DM (352 Milliarden Euro) beitrage, erhalte es nur 31 Prozent zurück. Frankreich dagegen trage nur zwölf Prozent bei, erhalte aber 21 Prozent.[14]

*»Es ist überhaupt nicht begreifbar, was die Bundesregierung bewogen hat, in diesen Vertrag einzusteigen, und es ist auch nicht begreifbar, was sogenannte Experten an ihm gut- und schönreden.«*

Prof. Hankel, Ex-Chef der Hessischen Landesbank[15]

## Angebliche Vorteile des Euros

Hier stellt sich jedoch die Frage, welche Vorteile der Euro eigentlich bringen sollte. Meist wurde hier der Wegfall von Umtauschgebühren für Urlauber ins Feld geführt.

Bei der Diskussion der *Umtauschgebühren* war auffällig, daß selten konkrete Zahlen genannt wurden, die das Ausmaß dieser Kosten angegeben hätten. Um so mehr wurde der scheinbar große Nutzen für die Urlauber dargestellt, sich den Umtausch sparen zu können. Expertenkreise schätzten die europaweiten Kosten von Geldwechsel-Aktionen auf gerade 0,3–0,4 Prozent des gesamten Handelsvolumens, was allein angesichts der Steuerlasten bedeutungslos erschien.[16] Bei den Tauschkosten der Urlauber wurde nicht beachtet, daß die Frage der Gebühren eine völlig andere Sache ist und mit einer Einheitswährung nichts zu tun hat. Wie weit der Euro als Buchgeld die Gebühren angeblich verbilligt hat, zeigte sich schnell an den nach wie vor überhöhten Überweisungsgebühren innerhalb des Euro-Raumes. So erheben manchen Banken für eine innerhalb der EU ablaufende Überweisung im Wert von wenigen D-Mark durchaus Gebühren von beinahe 20 D-Mark. Der Euro hat also keineswegs zu irgendeiner Erleichterung geführt, und die Argumente sowie Versprechungen waren offensichtlich nichts als Augenwischerei.

Genauso wenig fundiert war das Argument, daß der Euro nötig sei, um den Handel innerhalb Europas zu erleichtern. Der Blick auf die realen Zahlen beweist, daß diese Begründung kaum stichhaltig ist. Täglich werden zwei Billionen US-Dollar[17] international ausgetauscht, wovon *nur ein bis zwei Prozent für Handel und Dienstleistungen* verwendet werden![18] Schon hier zeigt sich deutlich, daß es bei der Einführung des Euros kaum um eine Verbesserung der Handelsbedingungen gehen kann. Was erleichtert wird, ist die Kapitalverschiebung, die nur Großbanken und großen Konzernen nützlich sein kann. Genau diese Institutionen waren es auch, welche die Einführung des Euros maßgeblich vorantrieben – wie man annehmen kann, sicher nicht aus Uneigennützigkeit. Die Gefahr liegt darin, daß die Tendenz zur Monopolisierung noch größer wird und wenige Banken am Ende die gesamte Wirtschaft kontrollieren können. Dabei spielt der europäische Raum weltweit eine Hauptrolle:

Wie der Internationale Währungsfond (IWF) schätzt, fallen auf die europäischen Banken 54 Prozent der Finanzinstrumente (Aktien, Anleihen, Kredite), während die USA nur 22 Prozent davon ausmachen.[19] Es läßt sich erahnen, welches Übergewicht das Kapital dann mit dem Euro gegenüber Produktion und Arbeit erlangen wird. Da ist auch kaum verwunderlich, daß gerade die Vertreter des Großkapitals – Banken und Spitzenkonzerne – die eigentlichen Initiatoren des Euro-Projektes waren. Auch das organisierte Verbrechen ist sicher gegenüber einer solchen Einheitswährung nicht abgeneigt, da dann die in Italien erpreßten Gelder problemlos beispielsweise in Deutschland wieder »gewaschen« , also in die Wirtschaft investiert werden können. Hinzu kommt dann der schon heute korrupte bürokratische Apparat in der Europäischen Union, der es Verbrechern leicht macht, die Politik in ihrem Sinne zu gestalten. Die organisierte Kriminalität wird durch den Euro spürbar zunehmen und Ausmaße annehmen, die nicht mehr kontrolliert werden können. Ganz gleich, wer den Hauptnutzen aus dem Euro ziehen wird, eines ist sicher: Die Kleinunternehmer, Arbeitnehmer und ehrlichen Bürger werden ihre Rechte und Freiheiten in deutlichem Umfang an legale und illegale Monopolisten verlieren.

*»Wenn ich Deutscher wäre, würde ich die D-Mark auf alle Fälle behalten«*
Margaret Thatcher[20]

# Professoren klagen gegen den Euro

Anfang 1998 klagten die renommierten Professoren Wilhelm Hankel, Wilhelm Nölling, Karl Albrecht Schachtschneider und Joachim Starbatty vor dem Bundesverfassungsgericht gegen die geplante Einführung des Euros. Die zur Klage geäußerten Hintergründe vermitteln ein gutes Bild davon, mit welcher Gewalt und welchem Dilettantismus dieses Projekt von den Verantwortlichen in der Politik durchgepeitscht wurde.

Richtigerweise sprechen die Experten von einer »Kunstwährung«, die von der Euro-Begründung 1999 bis zur Einführung von Euro-Bargeld als Giralgeld in Europa umlaufen soll. Demnach ist es auch nach der Begründung des Euros als Buchwährung noch nicht zu spät, das Projekt abzublasen.

Die Experten weisen auf die unterschiedlichen Gegebenheiten der einzelnen Staaten innerhalb Europas hin: »Das entscheidende Risiko liegt in einem inneren Dissens, der in die Währungsunion hineingetragen wird. Bisher konnten sich unterschiedliche Politiken und unterschiedliche wirtschaftliche Entwicklungen über Preise, Zinsen und Wechselkurse auspendeln. Diese Möglichkeit gibt es in der Währungsunion nicht mehr. Wenn Konflikte über den richtigen Kurs innerhalb einer Währungsunion ausbrechen, dann wird zum politischen Streit, was vorher von Märkten nahezu geräuschlos kanalisiert und geregelt wurde.« Wie wir später noch sehen werden, ist gerade der Wegfall eines Wechselkurspuffers der Hauptgrund dafür, daß das Projekt scheitern muß.

*»Der Euro … ist der Preis für die Wiedervereinigung Deutschlands … und daran kann diese Bundesregierung nicht vorbei. … hier geht es um politische Entscheidungen.«*
Karl Heinz Däke, Bund der Steuerzahler[21]

## Abschaffung der D-Mark als Preis für die Einheit

Interessant ist die Begründung, warum überhaupt die ökonomisch unsinnige Währungsunion eingeführt wird: »Der Grund für dieses politische Projekt wird allgemein in der stärkeren integrationspolitischen Einbindung des wiedervereinigten Deutschland gesehen: Euro als Preis der Einheit.« In diesem Kontext wird als weiterer Beleg eine Aussage des früheren Bundespräsidenten Richard von Weizsäcker zitiert: »Dazu gehört der vor allem von den Franzosen, aber auch von anderen geäußerte Wunsch, in Zukunft nicht mehr von der Deutschen Bundesbank mit ihrer noch dominierenden Mark abhängig zu sein.« Die erwähnten Professoren weisen auf die Märkte hin und bemerken zur allgemein dort vorherrschenden Meinung: »Auf ihren Hauptaspekt reduziert, sei die Währungsunion ein deutsch-französischer Pakt zur Abschaffung der D-Mark im Gegenzug für eine engere politische Union gewesen.« Belegt wird dieses Argument auch dadurch, daß nach dem Abschluß des Maastrichter Vertrages vor allem die Abschaffung der D-Mark als Ergebnis herausgestellt wurde. Weil sich die Notenbanken im Europäischen Währungssystem EWS immer an der stärksten Währung, der D-Mark, ausrichten mußten, hatte »überspitzt formuliert, der Präsident einer deutschen Landeszentralbank mehr Einfluß beispielsweise auf die Geldpolitik der Banque de France als der französische Finanzminister. … Als Ankerwährung gab die Bundesbank den Kurs vor, dem die anderen Notenbanken zu folgen hatten, wenn sie ihre Wechselkurse gegenüber der D-Mark stabilisieren wollten.« Mit der Einheitswährung wird, den Professoren zufolge, die bisher vorherrschende Wettbewerbsposition in eine Monopollösung verwandelt. Unabhängig davon, daß das EWS mit seinen festen Wechselkursen unsinnig war, ist der Wunsch schwächerer Länder durchaus einleuchtend, die D-Mark beseitigen zu wollen, um in der Europäischen Zentralbank dann mehr Einfluß auf die Politik ausüben zu können als es über die schwache Währung je möglich gewesen wäre.

Die Währungsunion war also von Anfang an nie ökonomisch fundiert, sondern entstand aus dem politischen Wunsch vieler europäischer Staaten, die D-Mark abzuschaffen.

*»Es gibt keine Währungsunion ohne Transferunion.«*
Wilhelm Nölling, ehemaliger Präsident der
Landeszentralbank Hamburg[22]

## Wechselkurse, Transferunion und Arbeitslosigkeit

Leider gehen die Experten viel zu wenig auf das eigentliche Argument gegen die Einheitswährung ein, auf die Funktionsweise von Wechselkursen. Sie unterscheiden richtig in zwei Arten von Wechselkursen, nämlich in flexible und feste, wobei die flexiblen als Puffer zwischen unterschiedlichen Währungsgebieten dienen: »Bewegliche Wechselkurse sind das Ventil für ungleiche Strukturen und Politiken. Werden dagegen stabile Wechselkurse vereinbart, so müssen auch Vereinbarungen über die jeweiligen Geld- und Finanzpolitiken getroffen werden.« Das heißt, wie später noch näher beleuchtet wird, daß festgelegte Wechselkurse und erst recht eine Einheitswährung nur dann funktionieren können, wenn die beteiligten Staaten gleichartig strukturiert sind und eine gleiche Politik betreiben. Spannungen könnten in solch einem System nur dann gelöst werden, wenn unter den Mitgliedern Solidarität herrsche. Mit Recht weisen die Professoren darauf hin, daß diese Solidarität nicht einmal innerhalb Deutschlands richtig greift, wie die Streitereien um den deutschen Länderfinanzausgleich deutlich belegt haben.

Der große Haken an der Währungsunion ist immer noch die Tatsache, daß eine Geldpolitik auf unterschiedlichste Länder passen muß, wenn das System funktionieren soll: »Es würde sich aber bald herausstellen, daß die uniforme Anwendung der geldpolitischen Instrumente, also im wesentlichen ein Leitzins zur Steuerung aller Geldaggregate, für alle Länder, Regionen und Sektoren der neuen Währungsgemeinschaft … der Vielfalt der ökonomischen Landschaft und ihrer Dynamik nicht gerecht werden kann.« »Eine Wirtschaftsgemeinschaft von diesem Zuschnitt, die sich einer einheitlichen Geldpolitik unterwirft, steht vor folgendem Dilemma: Eine kontraktive Geldpolitik ist für einige Mitgliedstaaten zu schmerzhaft und für andere wiederum erträglich bzw. sogar leicht erträglich. Schaltet die Geldpolitik auf Expansion um, dann ist die Zinslockerung für die einen zu gering und für die anderen möglicherweise viel zu weitgehend.« Das Ergebnis davon muß unweigerlich in einer Rezession für die schwächeren Staaten bestehen.

Wichtig waren hier bisher gerade die flexiblen Wechselkurse, die nun abgeschafft wurden: »Wechselkurse und Zinsen wirken damit wie ein Fieberthermometer, das den politischen und wirtschaftlichen Gesundungs- oder Krankheitsprozeß anzeigt. Das Thermometer abzuschaffen, ist kein Beitrag zu einem volkswirtschaftlichen Gesundungsprozeß.«

Das große Problem bei der Abschaffung der Wechselkurse ist der Zwang zu einer Transferunion, daß also die stärkeren Staaten die schwächeren finanziell unterstützen müssen: »Dann könnten sich die nationalen Parlamente gezwungen sehen, einer solchen Entwicklung gegen ihren eigentlichen Willen zuzustimmen – d.h. sie können die Entwicklung parlamentarisch nicht mehr kontrollieren und steuern – weil bei Verweigerung von Ausgleichszahlungen mit der Aufweichung der Geldpolitik, mit einem Verfall des Außenwertes des Euro oder mit einem Auseinanderbrechen der Währungsunion gerechnet werden müßte.« Ein Hauptgrund für Transferlasten liegt in der Festlegung von Wechselkursen und vor allem innerhalb der Einheitswährung selbst, da schwächeren Ländern durch Wegfall der Abwertungsmöglichkeit einer eigenen Währung ihre Wettbewerbsposition auf dem Weltmarkt zerstört wird. Weil in der Währungsunion die Preise und Löhne vergleichbar werden, wird sich bei den schwächeren Staaten ein Anspruchsdenken entwickeln, den höheren Lebensstandard stärkerer Staaten ebenfalls besitzen zu wollen. Dies werde, den Experten zufolge, die jeweiligen Regierungen unter Druck setzen, der sich in den Entscheidungen der EZB widerspiegeln müsse. Weil die regulierenden Wechselkurspuffer beseitigt werden, wird sich der Ausgleich für die unterschiedliche wirtschaftliche Entwicklung der Staaten auch in großen Wanderungsbewegungen der Bevölkerung zeigen: »Es muß mit verstärktem Zuzug aus den Billiglohnländern des gemeinsamen Binnenmarktes und demzufolge auch mit verstärktem Druck auf das national hohe Tarif- und Sozialsystem gerechnet werden. Die … geschwächte Verhandlungsposition der Gewerkschaften gegenüber den Arbeitgebern wird sich weiter verschlechtern. Die Finanzlage der sozialen Ausgleichssysteme wird sich weiter verschlechtern …« Durch die Einheitswährung wird es also zu einem deutlichen Druck auf die Löhne und zu höherer Arbeitslosigkeit kommen. Die treibenden Kräfte, die für den Euro eintreten, sind deshalb schnell ausgemacht: »Es ist angesichts dieser leicht vorauszusehenden Perspektiven durchaus verständlich, warum sich Großunternehmen und Arbeitgeberverbände so stark für den Euro und seinen frühestmöglichen Start engagieren. … Die Euro-Begeisterung von Gewerkschaften und linken Oppositionsparteien … ist schwer verständlich. Gerade der von ihnen vertretene Teil der Gesellschaft – das Arbeitnehmerlager –, … gerät unter Druck.« »In hochproduktiven Hochlohnländern wie vor allem Deutschland kommt es aufgrund der Lohnkonkurrenz aus den arbeitskostenbilligeren Ländern der Europäischen Union zu Lohndruck und Entlassungen. Der Effekt auf das etablierte Sozialsystem kann nur der sein, daß es vollends unfinanzierbar wird …« Doch trifft die Arbeitslosigkeit nicht nur die stärkeren Länder, sondern auch die schwächeren, weil sie ihren Wettbewerbsvorteil durch Währungsabwertung verlieren: »Auch in den weniger produktiven Billiglohnländern der Währungsunion muß man mit verstärkter Arbeitslosigkeit rechnen – dann nämlich, wenn es dort zu massiver Lohnangleichung nach oben … oder wegen überhöhter Lohnstückkosten zu forcierter Rationalisierung kommen sollte.«

Die Argumente der Euro-Befürworter, daß wir eine Einheitswährung bräuchten, um eine europäische Integration zu ermöglichen, werden von den Professoren dahingehend mit dem Argument entkräftet, daß diese Entwicklung unabhängig von dem Währungsverbund ist: »Die in der ganzen Nachkriegszeit fast ohne Stokkungen vorangeschrittene Integration … hat einer Währungsunion nicht bedurft. Die Folgerungen liegen auf der Hand: Auch ohne Währungsunion würde die Integration fortschreiten, um die möglichen komparativen Vorteile vermehrter Arbeitsteilung zu gewinnen.« Weiter wird auf die asiatischen Länder verwiesen, deren diesbezügliche Ausrichtung belege, daß eine Integration keiner gemeinsamen Währung bedarf. Genauso wird hervorgehoben, daß gerade die Asienkrise sich viel leichter einzelstaatlich lösen läßt als zusammen: »Auch wird sich die gegenwärtige Krise dieser Staaten, im wesentlichen eine Folge ihrer einseitigen Währungsanbindung an den US-Dollar auf einem zu hohen, falschen oder falsch gewordenen Niveau, individuell – auf Einzelstaatsniveau – rascher und folgenloser überwinden lassen als kollektiv. Denn jedes Land muß nur seinen Wechselkurs der Situation des eigenen Landes anpassen und braucht nicht zu warten, bis der für alle gemeinsame Währungskurs wieder stimmt.« ***Das bedeutet, daß viele Einzelwährungen in einer Krise letztlich stabiler sind als eine Einheitswährung – der Euro also auf jeden Fall krisenanfälliger sein wird.***

*»Newsweek hat das Phänomen … wie folgt beschrieben: ›Die Deutschen wollen den Euro nicht, aber sie lassen sich zum Euro hinführen, wie die Lämmer zur Schlachtbank.‹«*
Prof. Joachim Starbatty, Ökonom[23]

## Deutschland, der Zahlmeister

Die Professorengruppe stellt fest, daß genau diese Probleme und die kommenden Transferlasten bewußt von den Anhängern des Euro verschwiegen wurden: »Es gehört zu den Versteckspielertricks der Euro-Befürworter, daß sie diese schwerwiegenden finanziellen Doppelprobleme unter Hinweis auf nicht getroffene Regelungen im Vertrag schlicht leugnen. Die Politiker hatten früh erkannt, daß eine Währungsunion nicht verkauft werden kann …, wenn man den Völkern der wirtschaftlich bessergestellten Teilnehmerländer von vornherein reinen Wein über die zwingende Notwendigkeit finanzieller Transfers in beträchtlicher Größenordnung eingeschenkt hätte. Alle Hoffnungen und Erwartungen richten sich, wie bisher, naturgemäß auf Deutschland, das sowieso schon die größte Nettozahlerposition in der EU einnimmt.« Das bedeutet für uns, daß wir in Zukunft für den guten Teil der Unterstützungshilfen in Europa aufkommen müssen, was selbstverständlich mit steigenden Steuern und Abgaben verbunden sein wird. Deutschland wird sich kaum gegen diese Lasten wehren können: »Daß Deutschland darüber hinaus noch erheblich mehr wird zahlen müssen, wird durch drei Argumente gestützt: Erstens, die Abneigung aller anderen Teilnehmerländer, ihren gerechten Anteil zu zahlen, dürfte kaum zu überwinden sein; zweitens die begünstigten Empfängerländer werden sich mit Händen und Füßen dagegen wehren, Kürzungen in den Struktur- und Kohäsionsfonds hinzunehmen; drittens dürfte es schwer sein, das Argument von der Hand zu weisen, daß das größte Land der EU, das am stärksten in die Währungsunion drängt und sich brüstet, die größten Vorteile daraus zu ziehen, auch bitteschön dafür zahlen muß.«

Zu diesen direkten Lasten kommt noch, wie beschrieben, der Wegfall des bisherigen teilweise üppigen Bundesbankgewinnes. Die Experten warnen deshalb vor den fehlenden Geldern und zusätzlichen Lasten: »Vor den Folgen der Währungsunion für die Entleerung der Finanzen der öffentlichen Hände muß dringend gewarnt werden. Der Bedarf an Mitteln für die Erfüllung der öffentlichen Aufgaben in Deutschland, für die Finanzierung der Vereinigungsfolgen, für die finanziellen Konsequenzen der Währungsunion sowie der fest beschlossenen Osterweiterung wird die Wirtschaftskraft Deutschlands überfordern.«

*»Die Einheitswährung in Europa, egal ob sie ECU oder Taler heißt, wird in Tränen enden.«*
Neil Mc Kinnon, Citibank London[24]

## Unfähige Entscheidungsträger und Desinformation

Trotz dieser sehr deutlichen Gefahren, hielten und halten die Politiker weiterhin an dem längst ökonomisch widerlegten Projekt »Euro« fest: »Wer eine solche Politik betreibt und die Augen vor der deutschen Finanzmalaise verschließt, wird sich später gezwungen sehen, weiteren finanziellen Forderungen im Rahmen der Währungsunion nachgeben zu müssen, um noch Schlimmeres zu verhüten. Auf diese Weise wird das Land finanziell ruiniert.« Die Verantwortlichen zeigten dabei überaus deutlich Inkompetenz über die wahren Zusammenhänge: »Dieses Gespür oder die absolut notwendige Kenntnis über den Schwierigkeitsgrad der Operation haben weder die Bundesregierung noch die Parteien oder Tarifvertragsparteien gehabt, wie die geradezu unglaublichen Plattheiten der Befürwortenden aussagen und die so gut wie immer fehlende Auseinandersetzung mit den Erfordernissen, Risiken und Problemen einer Währungsunion in geradezu bestürzender Weise zeigen.«

Vor allem der frühere Bundeskanzler Kohl wird kritisch beleuchtet: »Hierzu passend und Inhalt und Stil der Informationspolitik der Bundesregierung von Anfang an prägend war die Haltung des Bundeskanzlers. Er ist seit 1991 nie müde geworden, ohne je über die Sache kritisch zu reflektieren, in geradezu beängstigender Besessenheit und Risikobereitschaft auf die Abschaffung der D-Mark ab 1. Januar 1999 spätestens zu bestehen. So sagte er im Deutschen Bundestag am 13. Dezember 1991: ›Wir werden auf alle Fälle entweder 1997 oder 1999 die Währungsunion erreichen.‹« Gerade Deutschland, das Land, das unter der Einheitswährung am meisten zu leiden haben wird, hat sich am meisten für den Euro eingesetzt: »Deutschland hat wie kein anderes Land der Europäischen Union der Abschaffung seiner Währung ohne sachkundige Debatten und ohne intensive Auseinandersetzungen über das Für und Wider mehr oder weniger lethargisch und tatenlos zugesehen.«

Die Professoren zitieren aus den angesehenen *Fuchs-Briefen*, die darlegten, wie Euro-Kritiker ausgesperrt und die Presse manipuliert wurde: »Hinter den Kulissen der Öffentlichkeit(sarbeit) wird mit den härtesten Bandagen ›Gesinnungsterror‹ (so ein angesehener Zentralbanker) betrieben. Ein paar Beispiele: Die ›Aufklärung‹ über den Euro liegt fast vollends in der Hand der Großbanken. Sie sind – neben der Industrie – nachweislich die Hauptprofiteure eines europäischen Wirtschaftsraums. Auf gesponserten Panels werden Euro-Skeptiker von vornherein ausgeschlossen, Einladungen zurückgezogen, wenn man versehentlich auf ›falsche‹ Gesichter gesetzt hat. Mit einem kaum zu überbietenden Sarkasmus reagieren selbst angesehene, hochstehende Bankmanager oder Verbandsfunktionäre. Sie kennen die Risiken des Euros sehr gut … wollen aber ihre Karriere nicht gefährden. Ergebnis: Selbstverleugnung vor dem Mikrofon! Die deutsche Presse steht ebenfalls unter der Knute der ›political correctness‹. In angesehenen Magazinen wie *Capital* haben Euro-Skeptiker Schreibverbot. Das ZDF lädt hauptsächlich Euro-Befürworter vor die Kamera, die *Bild-Zeitung* wurde von Bonn auf Kurs gebracht. … Journalisten werden von Ministern unter Druck gesetzt: Allzu skeptische Artikel führen zur Interviewverweigerung ...«

Es wird weiterhin auf die *Neue Zürcher Zeitung* verwiesen, die Euro-Befürworter ausdrücklich als »Anhänger der währungspolitischen Gleichschaltung« bezeichnete.

Von der Politik wurde die Euro-Diskussion einhellig abgeblockt: »Amtlicherseits ist von Bonn aus jeder Zweifel unterdrückt und bekämpft worden, als ob wir eine demokratische Streitkultur gerade an dieser Stelle am wenigsten brauchen könnten. So hat der Bundespräsident ausdrücklich gefordert, die Debatte zu führen, sei ›sehr gefährlich‹, und das Thema müsse aus Wahlkämpfen herausgehalten werden. Der Außenminister ließ vernehmen, daß jede

Kritik an der Währungsunion ›leichtfertig‹, ›populistisch‹ und ›unverantwortlich‹ sei.«

Entgegen dem Willen der breiten Bevölkerung, die D-Mark beizubehalten, setzten und setzen die Verantwortlichen weiter alle Gewalt ein, um das ungeliebte Projekt zu vollenden, weshalb die Professoren auf die tiefe Spaltung unseres Landes verweisen: »Aus unserer Klageschrift wird deutlich, daß es genügend volkswirtschaftliche Anhaltspunkte für die Richtigkeit der Einschätzung einer erdrückenden Mehrheit der Bevölkerung gibt, die Banken und Industrie zu den Gewinnern zählt und die Verbraucher und Arbeitnehmer auf der Straße der Verlierer sieht. Wenn man bedenkt, daß sich in Deutschland Bundesregierung, demokratische Parteien, Arbeitgeber, Unternehmer und Gewerkschaften, vor allem auf der Funktionärsebene, so gut wie kritiklos zur schnellen Einführung des Euros bekennen, dann wird die tiefe Spaltung unseres Landes in dieser Existenzfrage offensichtlich.« Zur Aushandlung des Maastrichter Vertrages, zur Euro-Einführung, wurde offensichtlich nicht einmal die Deutsche Bundesbank informiert: »Die Öffentlichkeit in Deutschland, der Deutsche Bundestag und vor allem die Deutsche Bundesbank wurden über die Absicht der Bundesregierung, sich während der Verhandlungen in Maastricht auf ein festes Verfallsdatum der deutschen Währung zu einigen, nicht informiert.«[25] Es wurden also ganz gezielt Entscheidungen getroffen, die nicht den demokratischen Gepflogenheiten entsprechen.

Leider ist die Gruppe der Hochschullehrer bei ihrer Klage nicht tief genug auf unser marodes Finanzsystem eingegangen. Insbesondere konzentrierten sie sich viel zu sehr auf das haltlose Inflationsargument oder die unwichtigen Stabilitätskriterien. Demgegenüber wurden die entscheidenden Geldfunktionen, insbesondere die Wechselkurse, nur am Rande betrachtet.

Da die Klage, wie zu erwarten war, in der eingereichten Form vom Bundesverfassungsgericht am 2.4.1998 als »offensichtlich unbegründet« abgelehnt wurde, bereiteten zwei der Professoren eine neue Klage vor.

Anfang 2001 konnte vernommen werden, daß Wilhelm Hankel (Universität Frankfurt) und sein Kollege Karl-Albrecht Schachtschneider (Erlangen) neue rechtliche Schritte planten. Sie stützt sich auf ein interessantes Urteil vom Oktober 1993, demzufolge ein Ausstieg Deutschlands aus der Gemeinschaftswährung möglich sei. Als Begründung wurde genannt, daß die Inflation heute bei 2,8 Prozent liege.[26] Das Inflationsargument gegen den Euro war jedoch von vornherein nicht triftig genug und lenkte nur von den eigentlichen Problemen des Euros ab. Um die Vorgänge, die aus dem Euro folgen müssen, vollkommen zu verstehen und um Gegenmaßnahmen zu entwickeln, ist es deshalb unverzichtbar, sich über diese grundlegenden Gesetzmäßigkeiten klar zu werden.

*»Währungsunion heißt Haftungsgemeinschaft, und wer das verleugnet, der belügt das Publikum.«*
Prof. Starbatty, Ökonom[27]

# Warum der Euro nie funktionieren kann

Wie wir im vorigen Kapitel sehen konnten, sind viele »Experten« alles andere als unabhängig und verfügen auch nicht zwangsläufig über die erforderliche Denkweise, um die Vorgänge völlig zu durchschauen. Auf ihre Aussagen sollte deshalb kein Übergewicht gelegt werden. Wichtig ist vielmehr, sich darüber klar zu werden, was eine Währung überhaupt ist und warum verschiedenartige Länder unterschiedliches Geld haben und dies auch nötig ist. Weiterhin sollte geklärt werden, warum eine Einheitswährung für verschiedenartige Staaten nie wirklich funktionieren kann und in welche Katastrophe der Euro führen muß.

## Was ist eine Währung?

Hier muß erst einmal ein heute weitverbreiteter Irrtum in Hinsicht auf die Einheitswährung aufgeklärt werden. Durch Politiker und Medien wurde behauptet, daß der Euro seit dem 1.1.1999 als richtige Währung begründet wurde und die Einführung von Euro-Bargeld nur den letzten, unwesentlichen Schritt darstellen würde. An dieser Stelle ist es wichtig, sich darüber klar zu werden, was eigentlich richtiges Geld ist. Geld ist, wie noch in einem späteren Kapitel erläutert wird, ein gesetzliches Zahlungsmittel, ausgedrückt in Münzen und Banknoten. Demgegenüber sind Bankguthaben (Buchgeld, Giralgeld) nur Forderungen auf Bargeld, leiten sich also vom Bargeld ab. Diese Geldforderungen sind letztlich Versprechen von Banken, dieses jederzeit in Form von Bargeld wieder ausgeben zu können – sie sind jedoch nicht von sich aus Geld. Deutlich wird dieser Unterschied zwischen richtigem Bar-Geld und Geldforderung dann, wenn beispielsweise bei einer Banken-Pleitewelle sofort alle Zahlungen auf Bargeld zurückfallen würden. Genausowenig, wie man Gutscheine eines Kaufhauses »Geld« nennen würde, können Geldversprechen von einzelnen Personen oder Banken als richtiges »Geld« bezeichnet werden.

***Übertragen auf den Euro bedeutet das, daß dieser solange eben noch nicht wirklich existent ist, bis er nicht die nationalen Währungen als Bargeld völlig verdrängt hat.*** Er dient heute nur, wie einst sein Vorgänger ECU, als Verrechnungseinheit unter Banken – und der ECU wurde eben gerade nicht als eigene Währung, sondern richtig als Verrechnungseinheit bezeichnet. Der einzige Unterschied besteht heute darin, daß einmal die Wechselkurse beim Euro ganz festgelegt wurden (beim ECU waren kleine Schwankungen erlaubt), und die Staaten ihre Währungssouveränität an die Europäische Zentralbank abgetreten haben, was jedoch an der Definition darüber, was Geld ist, nichts ändert.

Gerade aus diesem Grund, ist die eigentliche Einführung des Euros als Bargeld der kritische und entscheidende Moment für Europa.

So häufig der Begriff »Währung« gebraucht wird, so wenig weiß der Normalbürger in der Regel eigentlich, was damit genau gemeint ist. Das Wort stammt ab vom mittelhochdeutschen »werunge« und bedeutete soviel wie Gewährleistung für Gewicht und Feinheit der Münzen. Heute wird damit die Ordnung der Geldverfassung eines Landes bezeichnet bzw. die innerhalb eines Staates durch Gesetz und Geldsystem festgelegte Geldeinheit.[28] Das entscheidende Kriterium ist also die Beschränktheit eines bestimmten Geldes auf einen definierten Staat. Die Staatenbildung ist aus der geschichtlichen Entwicklung erklärbar; vereinfacht ausgedrückt schlossen sich hier Menschen gleicher Sprache, Denkweise und Arbeitsauffassung in ähnlicher Umgebung zusammen, um eine gemeinsame Organisationsform und im weiteren Verlauf ein eigenes Tauschmittel zu begründen. Unterschiedliche Länder schufen sich also auch verschiedenartige Währungen. Heute werden diese Gebiete variierender Währung als »überkommener Luxus« bezeichnet, der durch die Einführung des Euros in Europa so schnell wie möglich beseitigt werden müsse. Kaum noch vermag sich jemand Gehör zu verschaffen, der darauf hinweist, daß die unterschiedlichen Zahlungsmittel letztlich sogar zum Wohlergehen der Völker notwendig sind.

*»Maastricht, das ist Versailles ohne Krieg.«*
Le Figaro, führende französische Zeitung[29]

## Unterschiedliche Staaten brauchen verschiedene Währungen

Was heute bei der Euro-Diskussion ganz übersehen wird, ist die Tatsache, daß die Länder in Europa völlig unterschiedliche Gegebenheiten aufweisen – wie beispielsweise die Strukturierung der Wirtschaft (mehr landwirtschaftlich oder mehr industriell), Klima (kalt, gemäßigt oder heiß) oder auch die Einstellung zu Arbeit (z.B. mehr oder weniger zu Streiks neigend). Ein eigener Währungsraum hat nun die Aufgabe jedes dieser unterschiedlichen Gebiete wirtschaftlich zu stabilisieren. Der Ausgleichsfaktor oder ***Währungspuffer*** ist der freie Wechselkurs. Er vermittelt eine Aussage darüber, wieviele Geldeinheiten des einen Staates aufgebracht werden müssen, um die Geldeinheit eines anderen Währungsraumes zu erhalten. Es wird also damit ausgedrückt, wieviele Deutsche Mark jemand beispielsweise für einen Dollar bezahlen muß, wenn er D-Mark in US-Dollar tauschen möchte. Man unterscheidet hier zwischen dem flexiblen und festen Wechselkurs. Wird der Währungspuffer oder sogar das eigenständige Zahlungsmittel eines Staates beseitigt, so hat diese Aktion, wie wir noch sehen werden, fatale Auswirkungen auf die künftige Entwicklung des Landes. Grundsätzlich lassen sich hier drei Währungsmodelle zwischen den Staaten aufzählen:

- Flexible Wechselkurse
- Feste Wechselkurse
- Einheitswährung (Euro).

Die Einheitswährung ist dabei die noch verschärftere Form eines Systems, das auf festen Wechselkursen basiert – wobei das Funktionieren einer Einheitswährung im Sinne des Euro das Funktionieren von festen Wechselkursen erst einmal bedingt, wie wir noch sehen werden.

Zuerst aber sollte hier die Bedeutung und das Wirken von Wechselkursen auf die Wirtschaft unterschiedlich strukturierter Staaten geklärt werden.

*»Denn freie Wechselkurse haben bisher nicht eine einzige Währungskrise ausgelöst. Im Gegenteil: Sie sind ein Ventil, um unterschiedliche Wirtschaftsentwicklungen in den Ländern auszugleichen. Wird dieses Ventil durch feste Wechselkurse geschlossen, staut sich Reformbedarf auf und entlädt sich wie in Brasilien oder Thailand schließlich in einem Crash.«*

Die Welt, 19.2.1999

## Die selbstregulierende Ordnung mit flexiblen Wechselkursen

Ein flexibler Wechselkurs bedeutet, daß der Austauschkurs zwischen zwei Währungsgebieten nicht festgelegt wird und daß auch nicht versucht wird, ihn in irgendeiner Weise künstlich zu beeinflussen. Er unterliegt also den Marktkräften von Angebot und Nachfrage. Wird eine Währung stärker auf dem Weltmarkt nachgefragt, dann steigt der Preis für dieses Geld, also der Wechselkurs. Würden deutsche Bürger nun vermehrt ersparte D-Mark in US-Dollar wechseln, so müßte der US-Dollar im Kurs steigen; somit müßten auch immer mehr D-Mark aufgebracht werden, um einen Dollar zu erhalten. Je nach Verlauf der wirtschaftlichen Entwicklung von Ländern, stellt sich schließlich der Kurs auf unterschiedliche Niveaus ein und gleicht damit die Wirtschaftsschwankungen der Staaten untereinander aus. Was wiederum bedeutet dies?

Wenn beispielsweise ein Land mit eher schwächerer Wirtschaft (z.B. Entwicklungsland) einen flexiblen Wechselkurs zu einem starken Industrieland hat, dann werden Ungleichheiten durch den freien Wechselkurs ausgeglichen. Da das Wirtschaftswachstum im Industrieland größer ist als im Entwicklungsland, stellt es für den international orientierten Investor das attraktivere Ziel dar, weil höhere Gewinne zu erwarten sind. Da nun mehr Kapital in den Industriestaat investiert wird, dessen Währung folglich attraktiver wird, steigt der Preis für das Geld dieses Landes. Entsprechend muß der Wechselkurs des Entwicklungslandes zum Industrieland sinken, da die Nachfrage nach dessen Währung nicht zugenommen hat.

Der Austauschkurs der Währung beeinflußt nun entscheidend den Außenhandel eines Landes: Ein steigender Wechselkurs bedeutet, daß die Exporte schwieriger werden, da das Ausland mehr eigene Währung aufwenden muß, um das aufgewertete Geld des Industrielandes für den Warenkauf zu erhalten – die Produkte dieses Staates werden also für das Ausland teurer, auch wenn sich am Preisniveau im Inland nichts verändert hat. Gleichzeitig werden Importe für den Staat attraktiver, weil die aufgewertete Währung es erlaubt, im Ausland billiger einzukaufen. Im Ergebnis führt also eine Aufwertung dazu, daß die Exporte sinken und die Importe steigen.

Andersherum sieht es für das Entwicklungsland aus, dessen Währung im Kurs gefallen ist: Für diesen Staat werden die Ausfuhren einfacher, da das Ausland durch den günstigeren Umtauschkurs billiger einkaufen kann. Gleichzeitig müssen die Einfuhren in das Entwicklungsland problematischer werden, weil mehr eigene Währung aufgewandt werden muß, um die Güter im Ausland zu kaufen, die Waren also für das Entwicklungsland effektiv teurer werden. Eine Abwertung einer Währung führt demnach dazu, daß die Exporte zunehmen und die Importe sinken.

## Regelmechanismus Wechselkurs

Der Wechselkurs übt nun eine ausgleichende Wirkung zwischen den beiden Staaten aus: Da für das Industrieland die Importe steigen, das heißt, im Ausland vermehrt eingekauft wird, steigt damit die Nachfrage nach der Währung des Entwicklungslandes, womit der Wechselkurs (für das Industrieland) wieder zu sinken beginnt. In die gleiche Richtung führen die vermehrten Exporte des Entwicklungslandes, die wieder zu einem Kapitalzufluß führen, da das Ausland (Industrieland) dafür vermehrt das Geld des Entwicklungslandes benötigt.

Das Ergebnis wird nun sein, daß sich der flexible Wechselkurs soweit verändert, daß Importe und Exporte sich wieder angleichen, auch wenn im Gesamten die wirtschaftliche Entwicklung der beiden Staaten unterschiedlich schnell verläuft.

***Es handelt sich beim flexiblen Wechselkurs also um eine Ordnung, die sich selbst reguliert, ähnlich einem Thermostaten, der die Temperatur in einem Raum regelt. Fällt die Temperatur, so schaltet der Thermostat die Heizung an, steigt sie über die eingestellte Grenze, so wird die Leistung gedrosselt und damit die Temperatur in einem konstanten Bereich gehalten.***

Ähnlich ist die Wirkungsweise des flexiblen Wechselkurses auf den Außenhandel der Länder: Steigt der Austauschkurs eines Landes, so wirken die zunehmenden Importe und steigenden Exporte des Auslandes diesem Prozeß als Regulatoren entgegen. Es kann also nicht zu einer ausufernden, unkontrollierten Entwicklung kommen, in deren Folge ein Land regelrecht ausblutet und sein Kapital durch Kapitalflucht verliert.

Ein weiterer Regelmechanismus ist der flexible Tauschkurs an sich: Fällt der Kurs eines schwachen Landes, so verhindert das auch gleichzeitig ein Abwandern von Kapital aus diesem Land. Für den im schwachen Land investierenden Kapitalbesitzer, der schnell in eine andere Währung wechseln möchte, um der Abwertung zu entgehen, bedeutet das: Er muß mit zunehmender Minderung gleichzeitig immer mehr Geld des abwertenden Landes aufwenden, um in eine andere Währung übergehen zu können – es erscheint also für ihn immer weniger lukrativ, sein Geld überhaupt zu tauschen. Zusätzlich fällt der Kurs noch schneller, je mehr Geld in dem schwachen Land gewechselt wird. Es handelt sich damit um einen sich selbst steuernden Regelmechanismus.

Bei flexiblen Wechselkursen kann es deshalb keine Kapitalflucht geben. Hätte beispielsweise Rußland vor der Währungskrise 1998 freie Wechselkurse gehabt, dann wären eine Kapitalflucht und die daraus entstandenen schweren Schäden unmöglich gewesen. Die Abwertung der Währung allein hätte das Umtauschen des russischen Rubels in den US-Dollar zunehmend teurer und damit immer unattraktiver gestaltet und letztlich die Kapitalflucht gänzlich unterbrochen. Demgegenüber versuchte damals die Notenbank, den Wechselkurs des Rubels zum US-Dollar dadurch zu halten, daß sie die vorhandenen Devisenreserven einsetzte. Deshalb konnten die großen Kapitalbesitzer ihr Geld verlustlos über einen längeren Zeitraum in Dollar wechseln, und das Kapital wurde tatsächlich aus dem Land herausgezogen – bis die Reserven verpulvert waren.

Deutlich wird die Funktion des flexiblen Wechselkurses auch anhand der Lohnstückkosten:

Die Lohnstückkosten sind ein Maß dafür, wieviel Lohn in einer Volkswirtschaft investiert werden muß, um Güter zu produzieren. Wenn also ein Land im Vergleich zu einem anderen steigende Lohnstückkosten aufzuweisen hat, dann bedeutet das, daß es wirtschaftlich zurückbleibt. Für den Kapitalinvestor ist solch ein Land weniger attraktiv, da die zu erwartenden Gewinne im Vergleich zu den Lohnkosten geringer sein werden als in einem Staat mit nur geringer Lohnstückkostensteigerung. Man unterscheidet hier zwischen sogenannten nominalen Lohnstückkosten, also den Beträgen, die in der jeweiligen Inlandswährung ausgedrückt werden, und sogenannten realen Lohnstückkosten, bei denen die betreffenden Beträge in einer Auslandswährung formuliert werden, unter Berücksichtigung des Wechselkurses.

Um die unterschiedliche wirtschaftliche Entwicklung verschiedener Staaten darzustellen, muß man sich die nominalen Lohnstückkosten ansehen, also den Wechselkurseinfluß außer acht lassen. Interessant ist hier die Entwicklung in Europa:

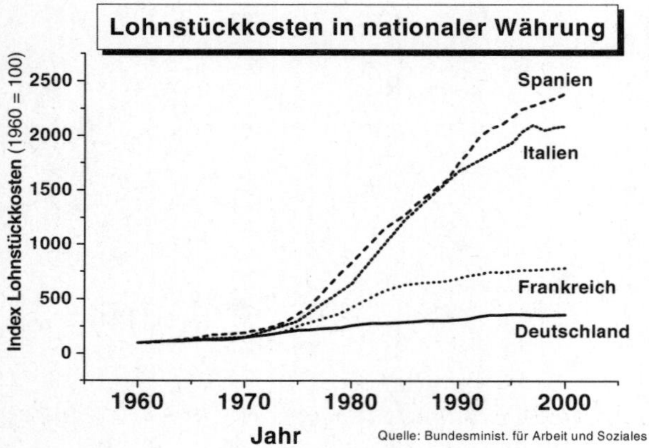


***Abb. 1: Nominale Lohnstückkosten ohne Berücksichtigung des Wechselkurses.***

Wie aus Abbildung 1 ersichtlich wird, entwickeln sich die nominalen Lohnstückkosten innerhalb Europas sehr stark auseinander. Während die Situation in Deutschland relativ konstant war, konnte für Frankreich ein starker Anstieg zwischen Mitte der siebziger und Mitte der achtziger Jahre festgestellt werden. Noch extremer sieht es für wirtschaftlich schwache Länder wie Spanien und Italien aus: Hier hält der Anstieg der nominalen Lohnstückkosten bis in unsere Zeit unvermindert an. Dies ist ein Indiz dafür, daß sich viele Staaten innerhalb Europas deutlich auseinanderentwickeln, was jedoch bisher kein Problem darstellte, da der ständig angepaßte Wechselkurs im ECU-System einen Ausgleich schuf. Daß die schwachen Länder in einem System flexibler Wechselkurse auch ihr Auskommen finden, wird deutlich, wenn man für die Lohnstückkosten noch die Wechselkurse einbezieht und die sogenannten realen Lohnstückkosten erhält, wie aus Abbildung 2 ersichtlich ist.

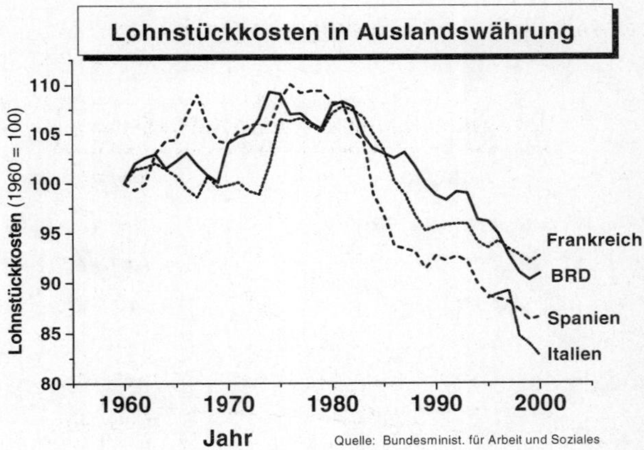


***Abb. 2: Reale Lohnstückkosten bei Berücksichtigung der Wechselkurse.***

Durch die wiederholten Abwertungen konnten sich die schwachen Länder wie beispielsweise Spanien oder Italien trotz der Zunahme der nominalen Lohnstückkosten weiter auf dem Weltmarkt etablieren. Durch die Abwertung wurden die Produkte der schwachen Staaten wieder für das Ausland effektiv billiger und um so mehr nachgefragt, die Exporte konnten also ausgedehnt werden. Ganz anders gestaltet sich alles, wenn man diesen Ausgleichsmechanismus versperrt.

*»Die künstliche Stabilisierung von Wechselkursen ist gefährlich und kann zu einer Explosion führen.«*
Hans Tietmeyer, Bundesbankpräsident zur Asienkrise[30]

## Das Krisensystem mit festen Wechselkursen

Fester Wechselkurs bedeutet, daß ein Land zu einem anderen den Austauschkurs seiner Währung festsetzt und ihn mit Notenbankinterventionen zu verteidigen versucht. Der Euro ist seit seiner am 1.1.1999 erfolgten Begründung als Buchgeldverrechnungseinheit ein System, das auf feste Wechselkurse baut – genau wie sein Vorgänger der ECU.

***Ein System, das auf einem festen Wechselkurs aufbaut, gleicht einem gesperrten Thermostaten, der die Temperatur in einem Raum nicht mehr regulieren kann und eine konstante Heizleistung beibehält, unabhängig davon, wie sich die Umgebung verändert.*** Das geht nur so lange gut, wie die dem Raum zugeführte Wärme gleich der Wärmeabgabe ist. Sollte sie jedoch größer oder kleiner werden (Winter/Sommer), so gerät das System mangels Steuerungsmechanismus aus dem Gleichgewicht. Im Sommer würde die Heizung zusätzlich heizen, statt abzuschalten, im Winter würde die Heizleistung nicht ausreichen und der Raum würde zu stark abkühlen.

Ähnlich verhält es sich bei der Währung mit festem Wechselkurs: Solange sich die beiden betroffenen Länder im gleichen Maße weiterentwickeln, ist keine Wechselkursanpassung nötig – auch der flexible Wechselkurs würde hier konstant bleiben. Wird das Gleichgewicht jedoch dahingehend gestört, daß ein Land plötzlich einen stärkeren Wirtschaftszuwachs oder eine höhere Inflation bzw. einen stärkeren Kapitalzustrom aufweist, so kommt es zu einer Reihe von Ungleichgewichten.

Häufig wird der Fehler begangen, gerade die festen Austauschkurse mit Stabilität gleichzusetzen, was sich jedoch bald in Form einer Währungskrise als Trugschluß herausstellt. So meinte etwa der französische Staatspräsident Chirac, daß man auf Dauer kein System ständig schwankender Wechselkurse hinnehmen und man auch nicht auf finanzielle Stabilität in der Welt hoffen dürfe, solange schwankende Wechselkurse akzeptiert würden.[31] Was Chirac hier allerdings übersieht, ist die Tatsache, daß Wechselkursänderungen nur Anzeigeinstrumente dafür sind, daß sich verschiedene Staaten auseinanderentwickeln und die Abschaffung dieser Instrumente keineswegs die Probleme löst, sondern sogar noch weiter verstärkt.

Empirische Studien haben ergeben, daß Länder mit flexiblen und stark schwankenden Wechselkursen keine grundsätzlich andere Wirtschaftsentwicklung hatten als Länder mit stabileren Kursen. Im Gegenteil, die Wechselkursänderungen zeigten sich als Puffer zur Abfederung exogener Störungen wie etwa hohe Inflation oder ein Konjunktureinbruch bei wichtigen Auslandspartnern.[32]

Feste Wechselkurse zwischen ungleichartigen Staaten enden früher oder später immer in einer Krise. Man könnte den Vorgang auch mit einem Luftballon vergleichen, dessen Luftregulation verstopft ist. Er wird deshalb immer weiter aufgeblasen und muß letztendlich mit einem lauten Knall platzen. Genauso führen die Festkurssysteme zu immer größeren Ungleichgewichten in der Wirtschaft, bis es zu einem katastrophalen Zusammenbruch kommt.

*»Wenn Leute wie ich ein Währungssystem stürzen können, stimmt das System nicht.«*
George Soros, Spekulant

## Zunehmende Ungleichgewichte

Das zuerst sichtbare Problem des festgesetzten Tauschkurses ist das steigende Mißverhältnis zwischen Import und Export: Da in unserem Beispiel das Entwicklungsland immer mehr hinter der Wirtschaftsleistung des Industrielandes hinterherhinkt und eine

Anpassung über den Wechselkurs ausbleibt, gibt es für das Ausland immer weniger Grund, die teuren Waren des schwachen Landes zu kaufen. Die Exporte werden also im Vergleich zu den Importen zurückgehen – es entsteht ein sogenanntes Handelsbilanzdefizit. Das bedeutet jedoch, daß sich die Volkswirtschaft des Entwicklungslandes im Ausland verschulden muß, um die fehlende Differenz zwischen Importen und Exporten finanzieren zu können. Es kommt also schon allein durch die immer höheren Zinslasten an das Ausland zu steigenden Spannungen.

Daneben steigt auch die Verschuldung der Unternehmen des schwächeren Staates im Ausland an. Weil im allgemeinen der Zinssatz für Kredite in stärkeren Staaten kleiner ist als in einem schwachen Land, werden vermehrt Verpflichtungen im Ausland eingegangen. Da der feste Wechselkurs diesen Kapitaltransfer nicht unterbinden kann, expandiert die Schuldenaufnahme der Unternehmen stark. Die Hoffnung besteht darin, die Schulden zum günstigeren Zinssatz über die festgesetzte Austauschrate jederzeit zurückzahlen zu können. Eine Hoffnung, die allerdings, wie wir noch sehen werden, enttäuscht werden muß.

Ein weiterer Störfaktor bei festgelegten Wechselkursen ist die einsetzende Kapitalflucht. Viele Bürger eines Entwicklungslandes trauen der eigenen Währung nicht und versuchen, in das Geld stärkerer Staaten (wie den US-Dollar) zu wechseln. Ein flexibler Wechselkurs würde dem Vorgang durch eine Abwertung der eigenen Währung entgegenwirken, was in einem festgezurrten Modell jedoch unmöglich ist und die Notenbank dazu zwingt, die Zinssätze auf höhere Niveaus anzuheben. Dies bringt wiederum die Unternehmen weiter unter Druck und zwingt zu noch stärkerer Aufnahme von Krediten im Ausland.

Nach einigen Jahren zunehmender Instabilität erkennen finanzkräftige internationale Spekulanten die verwundbare Lage der Staaten und erhöhen den Druck auf den Wechselkurs dadurch, daß sie sich in dem schwachen Land kräftig verschulden und sofort in harte Währung über den festen Wechselkurs umwechseln. Dies zwingt die Notenbank dazu, vermehrt Devisenreserven einzusetzen, um den künstlich fixierten Wechselkurs stabilzuhalten. Das ist jedoch nur begrenzte Zeit möglich, und sobald die Reserven verpulvert sind, muß der Wechselkurs freigegeben werden. Er fällt dann jedoch nicht auf das ökonomisch angemessene Niveau eines flexiblen Kurses, sondern sinkt durch panikartige Kapitalflucht auf einen weit niedrigeren Wert. Die Spekulanten können dann die kurzfristigen Schulden über einen weitaus günstigeren Wechselkurs zurückbezahlen und streichen kräftige Währungsgewinne ein. Übrig bleibt dann ein Land mit hoher Auslandsverschuldung, die zum Vielfachen des vorigen Wertes zurückbezahlt werden muß, weil die inländische Währung durch die Krise stark abgewertet wurde. Außerdem ist das Vertrauen in die Wirtschaft auf lange Sicht zerstört und hohe Zinsen würgen jede weitere Entwicklung ab. In der Regel sind solche Länder dann auf »IWF-Hilfen« angewiesen, also neue Auslandskredite, die vom Internationalen Währungsfond vermittelt werden. Ein derart betroffener Staat ist dann kaum noch in der Lage, je wieder festen Boden unter den Füßen zu gewinnen, das haben die Währungskrisen der letzten Jahre eindrucksvoll belegt.

Häufig wird der Fehler begangen, gerade die flexiblen Wechselkurse für die Währungskrisen verantwortlich zu machen, wobei die Kritiker jedoch völlig übersehen, daß erst die Spannungen, wie sie durch feste Austauschkurse entstehen, zum Kollaps der Währung führten.

Otmar Issing, Mitglied im Direktorium der Europäischen Zentralbank, nannte allgemein Wechselkursbandbreiten (das künstliche Halten von Wechselkursen in bestimmten Grenzen) sogar eine Einladung an Spekulanten. George Soros konnte 1992 ohne Risiko gegen das englische Pfund spekulieren und in 14 Tagen zehn Milliarden Dollar verdienen, weil die Notenbanken die Kurse stützen mußten. Bei flexiblen Wechselkursen könnten sich die Spekulanten jedoch nie sicher sein, ob es nicht zu Gegenbewegungen käme.[33] Leider zog Issing nicht den logischen Schluß, daß damit feste Wechselkurse und der Euro ökonomisch nicht vertretbar sind und nur flexible Wechselkurse letztlich zu Gleichgewicht und Stabilität führen.

Die Geschehnisse der letzten Jahre liefern eindrucksvolle Beweise dafür, daß feste Wechselkurse und, wie wir später noch sehen werden, erst recht Einheitswährungen zum Zusammenbruch verurteilt sind. Deutlich wird auch, welch fatale Folgen eine falsche Währungspolitik hat.

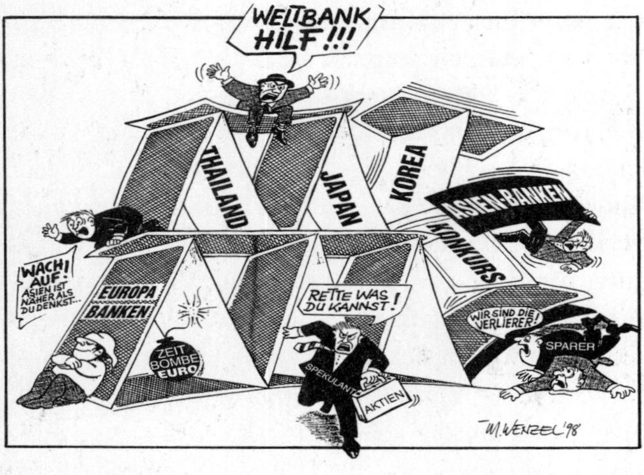


*»Die Experten urteilen wieder so schnell wie damals. Die meisten sagen, vom Beginn einer neuen Krise könne keine Rede sein. Auch wenn sie Recht bekommen sollten, muß man daran erinnern, daß im Verlauf der Asienkrise eine Theorie nach der anderen revidiert werden mußte. Zuerst hieß es, Thailand sei ja nicht Mexiko. Als der Baht dann doch ein Schicksal erlitt wie vorher der Peso, wurde behauptet, eine Ansteckung der Region sei unwahrscheinlich. Asien sei nicht Thailand. Doch dann wurden nicht nur die südostasiatischen Volkswirtschaften, sondern auch Länder in Nordostasien in den Strudel gerissen.«*

Karl Kränzle, Börsen-Zeitung, 5.8.2000

# Asien-, Rußland- und Brasilienkrise – warnende Beispiele falscher Währungspolitik

Als Mitte 1997 die Asienkrise mit der Abwertung der thailändischen Währung begann, wurden die Geschehnisse offiziell auf die falsche und überzogene Wirtschaftsentwicklung in den aufstrebenden Märkten geschoben. Grundsätzlich sei das System in Ordnung, wurde erklärt. Schnell weitete sich jedoch die Krise aus, und der japanische Vize-Finanzminister Sakakibara warnte Anfang 1999 bereits vor dem Zusammenbruch des internationalen Finanzsystems mit der Folge von Wirtschaftskrisen und Kriegen. Er wies darauf hin, daß einzelne regionale Finanzprobleme in einem Zerfall der Weltfinanzordnung gipfeln könnten.[34]

Die Entwicklung zur Krise erfolgte dabei immer nach dem gleichen Schema: Zuerst Anbindung der landeseigenen Währung an den Dollar, dann hohe Verschuldung und zuletzt zwangsweise Abwertung in einer Währungskrise. Durch die Festlegung des Wechselkurses erhofften sich die Länder ein inflationsfreies Wachstum. Das Vorgehen war jedoch von vornherein zum Scheitern verurteilt: Die Wirtschaft der aufstrebenden Länder entwickelte sich nicht im gleichen Tempo wie in den USA. Normalerweise würde ein freier Wechselkurs, wie wir gesehen haben, die Spannungen durch eine Abwertung ausgleichen. Durch die festgelegten Austauschkurse war dies jedoch unmöglich, weshalb die Spannungen anwuchsen.

Fatalerweise wurde durch feste Wechselkurse auch die Auslandsverschuldung massiv ausgeweitet, weil Kredite im Ausland billiger zu bekommen waren als auf dem betreffenden inländischen Markt. Schuldner wie Gläubiger waren sorglos und vertrauten darauf, die Verbindlichkeiten jederzeit zu einem festen Wechselkurs zurückzahlen zu können. Nach mehreren Jahren ließen sich die Spannungen auf den Wechselkurs nicht mehr vertuschen, zunehmende Gerüchte über die Zahlungsunfähigkeit der Staaten untergruben das Vertrauen der Anleger, das Kapital wurde deshalb panikartig aus diesen Ländern abgezogen – die Wechselkurse konnten nicht mehr gehalten werden und verfielen (Abb. 3).

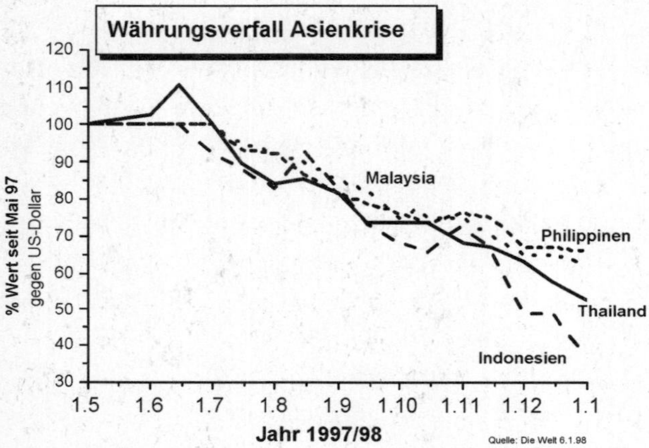


*Abb. 3: Währungsverfall in der Asienkrise.*

Auch der damalige Präsident der Landeszentralbank Nordrhein-Westfalen, Prof. Jochimsen, erklärte, daß die Währungskrisen in Asien, Rußland und Brasilien zum größten Teil auf rigide Wechselkursanpassung zurückzuführen waren. Durch feste Wechselkurse habe sich Anpassungsdruck aufgestaut, der sich schließlich ruckartig entlud.[35] Die Währungskrise hatte fatale Folgen: Die hohe Auslandsverschuldung mußte nun zu einem wesentlich ungünstigeren Kurs zurückbezahlt werden. Die Staaten konnten diese Lasten nicht mehr tragen und stellten die Zahlungen ein. Durch ausbleibende Investitionen und wachsende Verpflichtungen mußte die Armut dramatisch anwachsen.

In Indonesien rutschten infolge der Währungsabwertung durch die Asienkrise 1999 zwei Drittel der 202 Millionen Einwohner unter die Armutsgrenze ab.[36] Die Auslandschulden stiegen durch umfangreiche IWF-»Hilfen« auf über 150 Milliarden Dollar.[37]

Wie deutlich die wirtschaftlichen Zustände das Leben der Menschen verändern, zeigte sich auf der Insel Ambon. Obwohl diese Insel immer als Modell für religiöse Harmonie galt, gab es nach dem Währungsverfall schwere Ausschreitungen zwischen Christen und Moslems.[38] Das Land droht unter diesen Bedingungen zu zerbrechen. In Südkorea war das Einkommen von drei Vierteln der Seouler Haushalte durch die Währungskrise um durchschnittlich 32 Prozent gesunken, dasjenige der ohnehin wenig Verdienenden sogar um 45 Prozent.[39] Zu Recht verklagten bereits die südkoreanischen Gewerkschaften den IWF – wegen falscher Weichenstellung in der Asienkrise. Das Land wurde mit dem Hilfspaket in hohe Verschuldung getrieben; die rigiden Sparforderungen zerstörten zahlreiche Betriebe und Millionen Menschen verloren ihre Arbeit.[40] Das Entstehen von Armut und Hunger war auf diese Weise vorprogrammiert. Vor diesem Hintergrund stellt sich die Frage, wie der IWF die Krisen mit verursachte und ausweitete:

*»Wenn es gilt, das Letzte aus einem Land herauszuholen, schikken die Manager den IWF vor. Seine Anpassungsprogramme passen inzwischen vor allem die Lebensbedingungen der unterernährten und unterversorgten Menschen in der Dritten Welt an die Dividendenforderungen der Bankaktionäre an.« (Frankfurter Rundschau*[41])

Auffällig ist, daß stets wenige Wochen vor Beginn der Krisen der IWF die angeblich gesunde wirtschaftliche Struktur der Länder jeweils lobte. Es wurden Verträge über Stützungskredite unterzeichnet, wobei ein kleiner Teil der Summe sogar ausgezahlt wurde. Nach Beginn der Katastrophe sperrte der IWF jedoch die zugesagten Kredite sofort und forderte drakonische »Sanierungsprogramme« von den betroffenen Staaten.

*»Fast alle Länder, die heute in einer tiefen Krise stecken, hatten noch vor kurzem feste Wechselkurse. Es war genau diese Kopplung ungleicher Volkswirtschaften, die der Spekulation Tür und Tor geöffnet hat. Regierungen können die ökonomischen Unterschiede, die im Wechselkurs einer Währung zum Ausdruck kommen, nicht einfach wegbefehlen. Das ist jetzt wirklich nicht die Zeit, die Weltwirtschaft in eine neue Zwangsjacke zu stecken.«*

Prof. Jeffrey Sachs[42]

## Brasilienkrise – eine falsche Währungspolitik fordert Opfer

Die Ereignisse laufen immer nach dem gleichen Schema ab: Zuerst wurde das Land durch Hyperinflation bis Anfang der neunziger Jahre des 20. Jahrhunderts durch unfähige Politiker ruiniert. Um künftig das Geld stabil zu halten, beschloß man, eine neue Währung mit fester Anbindung zum US-Dollar zu schaffen, den sogenannten »Real«. Tatsächlich sank die Inflation rapide bis auf vier Prozent im Jahr 1997. Um den Wechselkurs zu halten, mußte sich Brasilien jedoch massiv verschulden. Durch Einführung des »Real« hat sich die Verschuldung Brasiliens seit 1994 deshalb mehr als verfünffacht.[43] Schon unter der Asienkrise 1997 mußte der Zinssatz auf durchschnittlich 30 Prozent angehoben werden, um eine Kapitalflucht mit Währungsverfall zu verhindern. Dadurch schrumpfte die Wirtschaft Brasiliens bereits im Jahr 1998 um 2,5 Prozent.[44]

Allein bei den Währungsturbulenzen Ende Oktober 1997 mußte das Land zur Währungsstützung an drei Tagen über neun Milliarden Dollar aufwenden. Hätten die Turbulenzen nur drei Wochen angehalten, wären die gesamten Reserven von 62 Milliarden Dollar aufgebraucht worden. Auch die Unternehmen hatten die festen Wechselkurse zur günstigeren Verschuldung im Ausland genutzt und einen Schuldenberg von 100 Milliarden Dollar aufgebaut. Der IWF sagte im November 1998 zusätzlich einen Stützungskredit von über 40 Milliarden Dollar zu. Anfang Januar 1999 erklärte dann der drittstärkste Bundesstaat Brasiliens, den Schuldendienst an den Bund für 90 Tage aussetzen zu wollen.[45] Schnell erkannten Spekulanten die instabile Lage des Landes und zogen massiv Geld ab. Dadurch konnte der Wechselkurs zum Dollar nicht mehr aufrechterhalten werden, die Währung verfiel um über 40 Prozent. Wie bei Rußland, sperrte der IWF sofort alle weiteren Zahlungen. Es wurde sogar gefordert, den Zinssatz auf 70 Prozent zu erhöhen.[46] Durch höhere Zinssätze und ungünstigere Wechselkurse stiegen die Zinslasten rapide an – der Bankrott ist langfristig die Folge. Um die Spekulationsgefahr einzudämmen, erhöhte Brasilien nun den kurzfristigen Zinssatz drastisch auf 40 Prozent.[47]

In dieser Situation gibt es keinen Ausweg mehr: Werden die Spekulanten durch hohe Zinssätze abgewehrt, bricht die Wirtschaft zusammen. Wird hingegen die Währung freigegeben, können die angehäuften Schulden nicht mehr zum ungünstigen Wechselkurs bedient werden und der Staat, wie auch große Teile der Unternehmen, müssen den Bankrott erklären. Wenn jedoch die Wirtschaftskrise durch Aufnahme von IWF-Krediten verhindert werden soll, wird der Zusammenbruch noch größer und lediglich um kurze Zeit verschoben, weil sich hierdurch das Grundübel der Verschuldung nur noch vergrößert und die Wirtschaft durch sogenannte »Sanierungsmaßnahmen« verwüstet wird. Mehr noch, die Roßprogramme des IWF zerstören das gesamte Land: Brasilien mußte beispielsweise – um IWF-Kredite zur Stützung des Wechselkurses zu erlangen – ein »drakonisches Sanierungsprogramm« auflegen. Die Regierung räumte sogar ein, daß sich das Programm auf jeden Fall rezessiv auswirken werde.[48] Durch die IWF-Hilfen explodierte die Staatsverschuldung, weshalb 1999 das Etatdefizit auf zehn Prozent (1998 acht Prozent) des Bruttosozialproduktes anstieg. Ohne den Schuldendienst hätte Brasilien dagegen einen Haushaltsüberschuß von drei Prozent erwirtschaftet.[49]

Wie sehr das internationale Kapital in die Krise verwickelt war, zeigte die plötzliche Einsetzung eines neuen Notenbankchefs kurz nach Beginn der Krise. Armino Fraga Neto, der für Lateinamerika zuständige Leiter des Quantum Fonds, dem Fond des Großspekulanten George Soros, wurde kurzfristig zum Notenbankpräsidenten ernannt.[50] Es ist kaum zu erwarten, daß ein Vertreter der Seite, die jene Krise überhaupt erst erzeugte, gerade an einer Lösung mitarbeiten wird. Deshalb erklärte die Opposition in Brasilien auch, daß man den Bock zum Gärtner gemacht habe. Einige Monate vor Brasilien und ein Jahr nach Beginn der Asienkrise kam Rußland unter Beschuß.

*»... die Vereinbarung mit dem IMF (englische Bezeichung für IWF, d. A.) sieht sogar vor, auf das russische Schatzamt lautende Schuldpapiere in mittel- und langfristige Dollarforderungen umzuschreiben. Als ob die Finanzkrise in Südostasien nicht gezeigt hätte, daß Fremdwährungskredite nach einer Abwertung – was auch beim Rubel nicht völlig auszuschließen ist – ein Land erst recht in Zahlungsprobleme bringen können.«*

Neue Zürcher Zeitung, 15.7.1998 – vier Wochen vor der russischen Finanzkrise

## Rußland – eine Weltmacht am Abgrund

Die russische Finanzkrise kann sich für uns besonders fatal auswirken, da hier ein stark bewaffnetes Land unter Druck gesetzt wurde und im heutigen System keine Chance mehr hat, dem Bankrott zu entgehen.

Der Ablauf ist sehr interessant: Schon im Mai 1998 wurden vom damaligen Ministerpräsidenten Kirijenko etliche Einschränkungen von der Bevölkerung abverlangt sowie durchaus unpopuläre Entscheidungen angekündigt.[51] Diese Maßnahmen sollten sich noch als fatal herausstellen. Obwohl schon die Asienkrise gezeigt hatte, daß feste Wechselkurse nicht funktionieren, bemühte man sich darum, im Herbst 1997 auch den Ostblock, vor allem Rußland, erneut fest an den Dollar zu binden.[52] Noch im Sommer 1998 wurde Rußland als fortschrittliches Land gelobt, das den Schritt vom

Kommunismus zum Kapitalismus konsequent durchsetzen würde. Die drohende Abwertung wurde lange Zeit verharmlost. Sogar wenige Tage vor dem Beginn des Währungsverfalls schloß der russische Präsident Jelzin sie definitiv aus: »Klar und deutlich – es wird keine Devaluierung des Rubels geben, das ist so ausgerechnet, das ist meine Arbeit und unter meiner Kontrolle.«[53] Der damalige russische Ministerpräsident Primakow erklärte nach der Finanzkrise im September 1998, daß Rußland nie bankrott gehen werde.[54] Auch westliche Experten schlossen eine Zahlungsunfähigkeit definitiv aus.[55]

Die Abwertung wurde dann aber wenig später ganz schlicht durch einen Leserbrief von George Soros in der Financial Times ausgelöst, in dem der Spekulant eine Abwertung des Rubels forderte.[56] Der IWF sperrte sofort die vorher zugesagten Stützungskredite und beschleunigte damit den Verfall. Fatalerweise wurden noch, durch Unterstützung des IWF, Ende Juli 1998 kurzfristige, auf Rubel lautende Schuldverschreibungen in langlaufende auf Dollar lautende Papiere umgewandelt. Die Verzinsung lag effektiv bei etwa 15 Prozent.[57]

Rußland war damit nach dem Wechselkursverfall nicht mehr in der Lage, die durch die Währungsabwertung aufgewerteten Schulden zurückzuzahlen. Heute wird das einst hochgelobte Land vom IWF im Stich gelassen, alle Zahlungen wurden definitiv gesperrt.[58] Im weiteren Verlauf brachen die russischen Lebensmittelimporte (70 Prozent der Nahrungsmittelversorgung) im September 1998 auf ein Sechstel ein.[59]

Leider hat man aus diesen Währungskrisen nichts gelernt und führte in den letzten Jahren gleich in einer ganzen Reihe weiterer Länder feste Wechselkurse ein. Dabei müssen feste Wechselkurse zwischen wirtschaftlich voneinander abweichenden Nationen immer Ungleichgewichte erzeugen. So verursachte die Bindung des polnischen Zloty an den Euro und den US-Dollar ein wachsendes Handelsbilanzdefizit. 1995 hatte Polen noch einen Überschuß, während das Defizit schon 1999 fast acht Prozent des Bruttosozialproduktes erreichte.[60] Ein wachsendes Handelsbilanzdefizit führt zu steigender Auslandsverschuldung und am Ende zu einer Währungskrise.

Wie an vorhergehenden Beispielen deutlich wurde, müssen feste Wechselkurse zwischen ungleichartigen Ländern immer in Währungskrisen enden. Leider haben die maßgeblichen Experten dabei immer noch nicht die entscheidenden Lehren gezogen, sondern verteidigen die offizielle Linie vehement, die bis zum Euro führen soll. Dies wird an den Ratschlägen zur Lösung der letzten Währungskrisen überdeutlich.

*»Wenn alle Länder aneinandergekoppelt wären, würden wir alle in der Falle sitzen. Niemand könnte seine eigene Wirtschaftspolitik machen. Wir müßten die Zinsen in schwindelerregende Höhen schrauben, um die Währungen gegen Abwertungen zu verteidigen. Damit würden wir jedes Wachstum abwürgen, immer mehr Leute in Leid und Elend stürzen.«*

Prof. Jeffrey Sachs, Harvard Universität, USA[61]

## Falsche Expertenratschläge führen zum Zusammenbruch

Die Experten sind sich uneinig über die zu ergreifenden Maßnahmen in den betroffenen Ländern:

So schlug der renommierte Wirtschaftsexperte Prof. Bogomolow vom Moskauer Wirtschaftsforschungsinstitut die Einführung einer Parallelwährung in Rußland vor, die völlig mit Gold gedeckt sein soll. Diese Währung solle dann den Rubel verdrängen. Als Vorbild dienten ihm die zwanziger Jahre mit der goldgedeckten Währung.[62]

Daß jedoch gerade die Golddeckung des Geldes zur Weltwirtschaftskrise der dreißiger Jahre des vergangenen Jahrhunderts führte, wird dabei vergessen. Wenn Rußland beispielsweise gezwungen wäre, Gold zu verkaufen, müßte im gleichen Umfang Geld eingezogen werden – eine massive Deflation, mit einer noch schlimmeren Wirtschaftskrise wie heute wäre die Folge.

Für Brasilien rät der angesehene Wirtschaftsexperte Prof. Dornbusch vom MIT, USA, die Schaffung eines »currency boards«. Dabei sollte jede einheimische Banknote vollständig durch US-Dollars bei der Notenbank gedeckt sein. Davon verspricht sich Dornbusch die Verhinderung von Turbulenzen im Wechselkurs.[63] Mit solch einem »currency board« hätte Brasilien jeden Einfluß auf seine eigene Währung verloren. Die einzige Aufgabe von Regierung und Notenbank wäre dann das Zahlen von hohen Zinsen für geliehene US-Dollars, um die Gelddeckung aufrechtzuerhalten. Bulgarien führte beispielsweise 1997 einen solchen currency board ein, mit dem Ergebnis, daß sich die Wirtschaft nur in dem Maße entwickeln kann, wie harte Währung ins Land fließt. Gleichzeitig sank der Außenhandel um 30 Prozent und die Verschuldung explodierte.[64]

## Mit festen Wechselkursen zur Weltkrise?

Die fraglichste Maßnahme wäre die Schaffung eines Weltwährungssystems mit festen Wechselkursen zwischen den wichtigsten Währungen, wie es der Ex-Bundesfinanzminister Lafontaine und sein japanischer Kollege Miyazawa vorschlugen.[65] Daß neben der Politik auch die Wirtschaftswissenschaft nichts gelernt hat, wurde deutlich, als der Nobelpreisträger Robert Mundell ebenfalls eine Aneinanderkopplung der Kurse von Dollar, Euro und Yen forderte. Dabei sollte der Euro durch eine Anbindung an den Dollar stabilisiert werden. Das Ergebnis sollte »eine Art Weltwährung« sein.[66] Gerade festgelegte Wechselkurse haben erst zu den Krisen beigetragen. Mit solch einem Weltwährungssystem wäre eine Weltwährungskrise nur noch eine Frage der Zeit. Wie die *Deutsche Bank Research* erklärte, entspricht der Weltdevisenhandel mit über 1.500

Milliarden Dollar fast den gesamten Währungsreserven aller Notenbanken zusammen. Damit wären die Durchführbarkeit und Glaubwürdigkeit solcher »Stabilisierungsmaßnahmen« äußerst begrenzt. Ebenfalls wird auf die Gefahr spekulativer Attacken auf festgelegte Wechselkurse hingewiesen. Die größte Bedrohung stellt der Verlust einer unabhängigen Währungspolitik für die beteiligten Länder dar. Bei auseinanderlaufender konjunktureller Entwicklung wäre die Stabilisierung von Wechselkurs und Preisniveau unmöglich.[67] Mit Recht warnte auch das Zentralbankmitglied Franz-Christoph Zeitler vor einer solchen Maßnahme. Die Finanzmärkte würden dann versuchen, die festen Wechselkurse zu testen, was viel Geld koste. Zeitler betonte, daß feste Wechselkurse nach einem erheblichen Aufwand an Währungsreserven letztlich doch freigegeben oder angepaßt werden müßten und damit die Wechselkursvereinbarungen meist auf eine »Prämie an die Spekulation« hinauslaufen würde. Weiter wies er darauf hin, daß die Handlungsfähigkeit einer stabilitätsorientierten Geldpolitik durch solche Vereinbarungen eingeschränkt, wenn nicht gar ausgehebelt werden würden.[68] Leider zog er aus diesen Erkenntnissen nicht den logischen Schluß, daß dann auch der Euro mit seinen festen Kursen und erst Recht die volle Einheitswährung ein Ding der Unmöglichkeit ist.

*»In Argentinien gewinnt das Problem besonderes Gewicht, weil es den Wechselkurs des Peso per Gesetz an den Dollar gekoppelt hat. Bei jedem Zinsanstieg in den USA ist die argentinische Zentralbank gezwungen, ihre Zinsen noch stärker zu erhöhen, damit das Auslandskapital nicht in die USA abfließt. Damit verschärft sich die Rezession. Länder mit flexiblen Wechselkursen sind für externe Turbulenzen besser gerüstet.«*

Financial Times Deutschland, 27.6.2000

## Argentinien – Krise durch feste Wechselkurse

In Argentinien wollen Experten, Regierung und Opposition die eigene Währung so schnell wie möglich ganz aufgeben und den US-Dollar als Zahlungsmittel einführen. Währungsturbulenzen sollten damit ausgeschlossen werden.[69] Der Irrglaube bei alledem ist die Annahme, daß die Beseitigung der eigenen Währung sofort auch Wechselkursschwankungen unmöglich mache und damit jegliche Währungskrise ausschließen könne. Dabei schafft man mit der Währung gleichzeitig jeden Regulationsmechanismus dafür ab, daß das Kapital auch bei wirtschaftlichen Schwierigkeiten im Land bleibt. Bei einem flexiblen Wechselkurs, wie auch bei einem freigegebenen ehemaligen festen Tauschkurs, verhindert der Abfall der Währung die Kapitalflucht. Wenn jedoch ein fremdes Geld im Land eingeführt wird, fehlt diese Regelung, und bei wirtschaftlichen Spannungen zieht sich das Kapital sofort in das sichere Land, in diesem Falle in die USA, zurück. Genauso fließen die Investitionen dann nicht von den USA nach Argentinien, sondern umgekehrt: Das Geld verläßt Argentinien und wird in Amerika investiert, wo die Lohnstückkosten geringer ausfallen und die Rendite damit höher ist. Das Land würde also regelrecht ausbluten und hätte keine Möglichkeit mehr, dem sinkenden Lebensstandard entgegenzuwirken. Die Folgen einer solchen Übernahme des US-Dollars wären also fatal: Weil sich die argentinische Wirtschaft langsamer entwickelt als die amerikanische, würde sich das Kapital aus Argentinien zurückziehen. Weitgehende Verarmung wäre die Folge. Auch ist diese Maßnahme nicht mehr rückgängig zu machen.

Das vernünftigste wäre, wenn Argentinien seine Währungsanbindung an den US-Dollar ganz aufgeben würde. Doch steckt das Land inzwischen wirklich in der Falle, da die Unternehmen zu 90 Prozent Schulden in Dollar aufgenommen haben.[70] Auch der Professor für Lateinamerika-Studien Riordan Roett an der John Hopkins University in Washington, D.C., gab zu, daß das Hauptproblem Argentiniens die feste Bindung des Peso an den Dollar ist, da die Exporte dadurch abgewürgt und jegliche Autonomie in der Geldpolitik verhindert würde. Bei Freigabe der Wechselkurse wären die meisten Unternehmen, wegen der aufgebauten riesigen Auslandsschulden, mit Dollar-Schulden sofort bankrott.[71]

Wie stark die Kapitalflucht bei einer festen Wechselkursanbindung ist, wird daran deutlich, daß die Bevölkerung ihr Erspartes zu 70 Prozent in Dollar angelegt hat. Dabei verliert die Regierung jede Kontrolle über die Währung, und die Zentralbank hat im Falle des Zusammenbruchs einer Bank keinerlei Interventionsmöglichkeit.[72] Durch die Dollar-Anbindung sanken die Exporte wegen des künstlich hochgehaltenen Wechselkurses rapide, und Ende 2000 kam es zu einer ernsten Krise, als die weitere Finanzierung der Schulden über Anleihen nicht mehr gesichert war. Das Land mußte dann IWF-Kredite im Volumen von mindestens 35 Milliarden Dollar innerhalb zweier Jahre aufnehmen und sich zu weiteren restriktiven Sparmaßnahmen verpflichten.[73] Die Forderungen des IWF wiederum verhindern schon im Vorfeld jede weitere Entwicklung und machen ein Abtragen der Schuldenlast unmöglich. Das Land wird bis zum Zusammenbruch auf ausländische Kredite angewiesen sein. Die Probleme durch festgelegte Wechselkurse werden durch diese IWF-Hilfen nicht gelöst, sondern nur in die nahe Zukunft verschoben und sogar verschlimmert, da die Auslandsschulden noch höher werden.

Allein an diesem Beispiel wird deutlich, daß jede Art von festgelegten Wechselkursen oder eine Abschaffung der eigenen Währung langfristig zu katastrophalen Problemen führen müssen.

Wie sehr der politische Bereich mit dem wirtschaftlichen verbunden ist, wird daran ersichtlich, daß im März 2001 gerade der Begründer fester Wechselkurse in Argentinien und damit Stifter der Probleme, Domingo Cavallo, in der Regierung als neuer Wirtschaftsminister eingeführt wurde. Wie *Die Welt* am 21. März 2001 berichtete, präsentierte der neue Minister als Lösung der Mißstände gleich ein drakonisches Sparprogramm, welches zu Unruhen führte. Auch forderte er weitgehende Handlungsvollmachten, um ohne demokratische Kontrolle eigene Entscheidungen durchsetzen zu können. Ob jedoch eine Person, die an der Entstehung der Probleme beteiligt war, dann die Lösung finden wird, bleibt mehr als fraglich.

Was bei der Diskussion um Wechselkurse häufig vergessen wird, ist die Tatsache, daß flexible Tauschkurse zu einer ausgeglichenen Handelsbilanz führen, also Importe und Exporte angleichen, während feste Kurse zu zunehmenden Handelsbilanzdefiziten und damit Spannungen führen müssen.

*»Sämtliche Währungskrisen seien auf Politikversagen zurückzuführen, betonte Angelos Kotios, Professor für Wirtschaftspolitik in Thessalien (Griechenland). Alle hätten sich in Systemen fester Wechselkurse ereignet.«*
Frankfurter Allgemeine Zeitung, 4.12.1999

## Ungleichgewichte in der Handelsbilanz – Bedrohung für den Frieden

Nur bei einer Ausgeglichenheit von Geben und Nehmen, also von Import und Export, kann dauerhaft Frieden bestehen. Sobald ein Land (wie Deutschland) einen Exportüberschuß hat, muß zwangsläufig ein anderes Land ein Exportdefizit – und damit Kapitaldefizit – aufweisen. Langfristig entstehen dadurch Spannungen, die dem Frieden nicht dienlich sein können.

Vor allem gerät das Land mit dem Handelsbilanzdefizit zunehmend in die Klemme, weil die Lücke zwischen Importen und Exporten nur mit zunehmenden Auslandskrediten geschlossen werden kann. Mit diesen Krediten sind hohe Zinslasten verbunden, die jedes Land langfristig ruinieren müssen. Gleichzeitig entfällt mit zunehmender Höhe der Auslandskredite die Möglichkeit, den Wechselkurs wieder freizugeben, da sonst ein Wechselkursabfall und damit eine Aufwertung der Schulden die Folge wäre. Ein Staat mit festen Wechselkursen hat also immer weniger die Chance, den einmal gemachten Fehler wieder zu korrigieren, ohne den Bankrott zu riskieren, wie wir am Beispiel Argentinien sehen konnten. Damit entsteht auf diese Nation ein wachsender Druck, seine Exporte durch aggressive Preispolitik auszuweiten. Da andere Staaten in der gleichen Falle gefangen sind, kommt es zu einem ruinösen Wettbewerb auf dem Weltmarkt, der in der Vergangenheit oftmals auch militärisch ausgefochten wurde.

Ausgeglichene Handelsbilanzen entstehen, wie wir gesehen haben, bei freiem Wechselkurs: Wenn z.B. die Importe ansteigen, würde der Wechselkurs darauf automatisch mit einer Abwertung der inländischen Währung reagieren. Damit aber werden – da die Güterpreise für das Ausland sinken – die Exporte erleichtert und gleichzeitig die Importe erschwert – da die ausländischen Waren teurer werden – bis Importe und Exporte wieder ausgeglichen sind. Die Einführung des Euros verhindert hier, im produktivitätsinhomogenen Europa, jeden Ausgleich der Länder untereinander. Es wird zur Ausbildung sowohl von Reichtums- als auch von Armutszonen kommen. ***Wechselkurse haben also die Aufgabe, unterschiedliche Produktivitätsraten der einzelnen Länder auszugleichen, so daß starke, wie schwache Länder wirtschaftlich stabil bleiben.*** Gleichzeitig werden die Handelsbilanzen ausgeglichen. Daneben wird eine Kapitalflucht durch schnelle Anpassung des Kurses unterbunden. Das Etablieren eines Festkurssystems, wie es der Euro in der Einführungsphase darstellt, zeigt fatale Folgen für die Wirtschaft. Noch viel dramatischer werden die Ungleichgewichte ausfallen, wenn alle nationalen Währungen beseitigt sind.

*»Der so oft beklagte Anpassungsdruck, der heute in Wechselkursänderungen zutage tritt, bleibt den Unternehmen also auch in der Währungsunion nicht erspart. Nur schlägt er sich dort nicht mehr in Wechselkursbewegungen nieder, sondern in Veränderungen der Lohn- und Preisrelationen oder der Beschäftigung ...«*

Gemeinschaft zum Schutz der deutschen Sparer, 12.11.1997

## Die fatale Einheitswährung Euro

Einen Schritt weiter als feste Wechselkurse geht die Einführung einer fremden Währung in einem Staat oder der Ersatz nationaler Zahlungsmittel gegen eine Einheitswährung wie sie der Euro darstellt. Man verspricht sich von einem solchen gemeinsamen Geld mehr Stabilität, da keine Wechselkurse mehr existieren und damit auch nicht mehr schwanken können. Vergessen wird dabei, daß die Wechselkursänderungen nur Regelungsinstrumente dafür sind, daß sich zwischen unterschiedlichen Staaten grundlegende Wirtschaftsparameter wie Wirtschaftswachstum oder Preisniveau verändert haben. Wie im Kapitel über flexible Wechselkurse dargestellt, gleichen diese »Wechselkurspuffer« die unterschiedlichen Entwicklungen aus. ***Werden diese Puffer durch Festsetzung der Wechselkurse oder noch schlimmer durch Einführung einer fremden Währung bzw. einer Einheitswährung beseitigt, dann wird keineswegs die unterschiedliche wirtschaftliche Entwicklung in den einzelnen Ländern angeglichen, sondern es bauen sich Spannungen und Ungleichgewichte auf.*** Die Einheitswährung stellt die noch verschärftere Form eines Krisensystems fester Wechselkurse dar: Festgezurrte Tauschkurse können nach leidvollen Krisen wenigstens noch freigegeben werden; wenn aber erst einmal alle nationalen Währungen durch den Euro beseitigt sind, ist dies demgegenüber kaum mehr rückgängig zu machen. Die Funktion einer Einheitswährung würde also voraussetzen, daß feste Wechselkurse langfristig ohne Probleme zwischen den beteiligten Ländern funktionieren könnten. Davon kann allerdings keine Rede sein. Das machte auch das Festkurssystem des Euro-Vorgängers ECU deutlich:

Das ECU-System sollte eigentlich feste Wechselkurse (in geringen Bandbreiten) sicherstellen, doch schon die häufigen Anpassungen zeigen, daß dies einfach nicht funktionierte. Seit dem Bestehen des EWS (Europäisches Währungssystem) 1979 mußten bis 1997 insgesamt 22 Anpassungen der Kurse stattfinden.[74] Das System mußte damit praktisch jährlich an die geänderten Verhältnisse zwischen den ungleichen Partnern angepaßt werden, um Spannungen zu vermeiden. Doch sogar dieses starre System funktionierte nicht und wurde 1992 durch den Spekulanten George Soros gesprengt, als er italienische Lire und englisches Pfund gegeneinander ausspielte. Auch hohe Stützungssummen konnten das marode System nicht vor dem Verfall retten: 1992 intervenierte die britische Regierung mit 50 Milliarden Dollar und konnte den Wechselkurs trotzdem nicht halten.[75]

Auch das einsetzende Wirtschaftswachstum in Großbritannien nach dem Ausscheren aus dem Europäischen Währungssystem belegt die Effektivität freier Wechselkurse sowie die zwangsläufigen Probleme festgezurrter Wechselkurse und erst recht einer Einheitswährung. Dort wird inzwischen der 16.9.1992, der Tag des EWS-Ausstiegs, nicht mehr als »Schwarzer Mittwoch« , sondern als »Weißer Mittwoch«, als Befreiung vom Europäischen Währungsjoch, bezeichnet.[76] Die Überbewertung des Englischen Pfundes um 15–20 Prozent erdrosselte die Exporte Großbritanniens und stieß das Land in eine Wirtschaftskrise, was bei flexiblen Wechselkursen nicht der Fall gewesen wäre.

Wie groß die wirtschaftlichen Ungleichgewichte in Europa sind, wird an der nominalen Änderung der Wechselkurse der stärksten und schwächsten Währungen deutlich, die sich zwischen 1991 und 1995 um über 43 Prozent änderten.[77] An eine Währungsunion ist bei solch inhomogenen Verhältnissen nicht zu denken, die Ungleichgewichte müssen sich immer weiter aufschaukeln und zu schweren Krisen führen.

*»Tatsache ist, daß die Einführung des Euro zu einem nachhaltigen Strukturbruch im bisherigen Zusammenspiel zwischen wirtschafts- und geldpolitischen Akteuren in den Euro-Mitgliedsstaaten geführt hat. Denn zwischen den Ländern ist der Wechselkurs als Puffer für die Aufrechterhaltung bzw. Wiederherstellung der preislichen Wettbewerbsfähigkeit der heimischen Volkswirtschaft entfallen. Dadurch ist die durch eine nominale Abwertung der heimischen Währung gegenüber Drittwährungen gekennzeichnete Wechselkurspolitik – die bis in die jüngste Vergangenheit vor allem von südeuropäischen Ländern wie Italien und Spanien bevorzugt wurde – endgültig passé. ... schrieben die Volkswirte der Deutschen Bundesbank in einer aktuellen Studie. ... Verschiebungen der preislichen Wettbewerbsfähigkeit würden sich somit tendenziell stärker in Veränderungen von Marktanteilen der Unternehmen zeigen und damit auch auf den Arbeitsmarkt durchschlagen, heißt es weiter.«*

Börsen-Zeitung, 9.2.2000

## Der Euro führt zu gefährlichen Ungleichgewichten

Seit dem 1. Januar 1999 wurden die Wechselkurse »unwiderruflich« zueinander festgelegt. Dies wird oftmals von Euro-Befürwortern in Unkenntnis der Zusammenhänge als »Stabilität« bezeichnet. So behauptete der Würzburger Ökonomieprofessor Peter Bofinger, daß der Dollar zwischen 1990 und 1995 50 Prozent an Wert verloren habe, was die mangelhafte Funktion von flexiblen Wechselkursen beweise. Deshalb sei der Euro seiner Meinung nach der richtige Schritt, da hier die Wechselkurse beseitigt seien.[78] Der Professor vergißt allerdings zu sagen, daß Wechselkurse nur Ausgleichsmechanismen sind, die unterschiedliche Entwicklungen in den Volkswirtschaften relativ schmerzfrei ausgleichen. Wird dieser Wechselkurspuffer beseitigt, bauen sich deshalb Spannungen auf, wofür der Euro der beste Beweis ist.

Besonders die schwächeren Regionen geraten unter Druck, weil sie ihre Position auf dem Weltmarkt nicht mehr durch Abwertung schützen können. Wie allein die Einführungsphase des Euros seit 1999, mit der Begründung fester Wechselkurse, die Wirtschaft stört, ist gut am Beispiel Italien erkennbar. Früher konnte das Land seine Wettbewerbsposition durch Abwertung sichern, hat nun aber keinen Vorteil mehr gegenüber den starken Staaten. Von italienischen Politikern wurde deshalb schon angekündigt, daß Italien die Währungsunion auch verlassen könne, wenn dies nötig sei. Wie Daten der OECD zeigen, ist die Produktivität in Italien von 1995 bis 1999 nur um 8,8 Prozent gestiegen, während sie sich im übrigen Europa durchschnittlich um 18,2 Prozent, in Deutschland sogar um 25,9 Prozent steigerte. Da eine Abwertung der Währung nicht mehr möglich ist, verliert das Land somit zunehmend seine Konkurrenzfähigkeit auf dem Weltmarkt.[79] Ähnlich sieht die Entwicklung in Spanien aus, was am schnell wachsenden Leistungsbilanzdefizit deutlich wird, das sich von 1,3 Milliarden Euro im Jahr 1998 auf über 11,6 Milliarden Euro 1999 fast verzehnfachte und damit die Auslandsverschuldung des Landes entsprechend ausweitete.[80]

Trotz mehrjähriger Harmonisierung vor der Einführung des Euros, konnten die strukturellen Unterschiede in Europa nicht beseitigt werden. Das HWWA-Institut in Hamburg stellte bereits fest, daß es in den letzten Jahren zu keiner Annäherung der Mitgliedsstaaten der EU gekommen sei. Die Unterschiede in der Preisentwicklung seien sogar eher größer geworden und auf erhebliche realwirtschaftliche Divergenzen in den Euroländern zurückzuführen.[81] Durch flexible Wechselkurse wäre es problemlos möglich, Produktivitätsunterschiede auszugleichen.

Im Zusammenhang mit der Entwicklung der Preissteigerung in Europa warnte der Landeszentralbankchef Franz-Christoph Zeitler vor einer zunehmenden Spreizung der Inflationsraten. Die Spanne reichte im Oktober 2000 von 2,1 Prozent (Frankreich, Österreich) über 2,4 Prozent in Deutschland, vier Prozent in Spanien und bis zu sechs Prozent in Irland. Er wies darauf hin, daß die Geldpolitik der EZB auf die Sicherung der Preisstabilität im gesamten Euro-Raum abziele. Das bedeutet, daß die Geldpolitik im Euro-System nicht mehr in der Lage ist, auf die individuellen Unterschiede der Länder einzugehen und dafür eine angepaßte Geldsteuerung anzubieten. In den einzelnen Ländern beziehungsweise Wirtschaftsräumen könne die Geldpolitik aber nur dann als adäquat empfunden werden, wenn die jeweiligen Eckdaten der wirtschaftlichen Entwicklung, insbesondere die Preisentwicklung, in einem Gleichklang mit dem Euro-Raum stünden. Vor allem die Spreizung bei den Arbeitskosten liefen weit auseinander, und seit 1997 habe nur Deutschland nahezu stabile gesamtwirtschaftliche Lohnstückkosten (minus 0,6 Prozent) verzeichnet, während andere Länder zum Teil einen hohen Anstieg von bis zu über zehn Prozent aufwiesen. Gravierende Probleme könnten sich für diejenigen EWU-Länder ergeben, die im Quervergleich dauerhaft höhere Lohnstückkostenzuwächse und Inflationsraten aufwiesen. Eine nicht nur vorübergehende »reale Aufwertung« führe im einheitlichen Währungsraum zu einem Verlust an preislicher Wettbewerbsfähigkeit.[82] Damit bestätigte der Landeszentralbankpräsident, daß im Euro-Verbund deutliche Ungleichgewichte vorhanden sind, welche die festgelegten Wechselkurse durch Inflations- und Lohnstückkostendifferenzen unter Druck setzen müssen.

Sogar die Europäische Zentralbank mußte Ende 2000 einräumen, daß zwischen den Staaten der Euro-Zone die Unterschiede bei den Inflationsraten wachsen. Als Erklärung dafür war zu vernehmen, daß sich das Inflationsgefälle zwischen den Staaten der Währungsunion seit 1997 vergrößert habe. Die Verantwortung wurde allerdings wieder auf die nationalen Regierungen abgeschoben, da die EZB das Inflationsgefälle in der Euro-Zone nicht beeinflussen könne.[83]

Der Euro wird damit zunehmend von Instabilitäten begleitet, was auch die Verantwortlichen nach und nach zur Kenntnis nehmen müssen.

Bereits ein halbes Jahr nach der Begründung des Euro als Buchgeldwährung wurde den EU-Finanzministern laut der Londoner *Times* eine vertrauliche Studie vorgelegt, wonach das Euro-Projekt in ernsthafte Gefahr gerät. Die steigenden Haushaltsdefizite könnten zu einer »tödlichen Bedrohung« für die Einheitswährung werden.[84] Daß die endgültige Einführung des Euros noch längst nicht eindeutig ist, verrät auch die Erklärung der bulgarischen Regierung, die ihre Währung an die DM koppelte, da die Abschaffung der Deutschen Mark noch nicht als endgültig betrachtet werden könne.[85] Ende 1998 verkündete der Präsident der Schweizer Nationalbank, Hans Meyer, daß für ihn der Euro eigentlich nicht relevant sei. Er wies richtigerweise darauf hin, daß die Länder in Europa mit der Fixierung ihrer Wechselkurse an Flexibilität einbüßen werden, was in erster Linie durch den Arbeitsmarkt kompensiert werden müsse. Daraus erwüchsen nicht wirtschaftliche, sondern gesellschaftliche Probleme.[86]

Trotz dieser eindeutig zunehmenden Ungleichgewichte behauptete der Präsident der Europäischen Zentralbank, Duisenberg, vehement, daß die Einführung des Euros die Stabilität der Finanzmärkte in Europa erhöht habe. Die Vorbereitungen auf die Währungsunion und ihre Einführung hätten einen festen Anker für Inflationserwartungen geliefert. Die Verpflichtung der Euro-Länder auf Stabilität, der Wegfall interner Währungsrisiken und die Schaffung eines stärker integrierten und liquideren Finanzmarkts trügen zur Stabilität der Märkte bei.[87] Tatsächlich ist es jedoch genau umgekehrt: Die gemeinsame Währung führt zu großen Instabilitäten, die nicht mehr durch Wechselkurspuffer ausgeglichen werden können. Bei der Diskussion über eine Europäische Einheitswährung wird häufig der US-Dollar exemplarisch genannt, und die USA werden als großer Währungsraum angeführt, um die scheinbaren Vorteile zu demonstrieren. Tatsächlich jedoch sind gerade die USA ein gutes Beispiel dafür, daß eine Einheitswährung für unterschiedlich strukturierte Gebiete nur schlecht oder gar nicht funktionieren kann.

## Die USA – schlechtes Vorbild einer gemeinsamen Währung

Wie unterschiedlich sich die Bundesstaaten in den USA entwikkeln, wird an folgenden Zahlen deutlich:

1993/94 wuchsen die Bundesstaaten New Mexiko, Arizona, Nevada und Iowa zwischen neun und zwölf Prozent, während Hawaii und Alaska eine schrumpfende Wirtschaft aufwiesen.[88] Das verwundert auch wenig, da es auf dem großen nordamerikanischen Kontinent die unterschiedlichsten Klimazonen und damit auch wirtschaftliche Strukturierungen gibt. Ein Teil ist mehr landwirtschaftlich, der andere mehr industriell tätig. Eine gemeinsame Währungspolitik kann unmöglich allen Regionen zugleich gerecht werden – es kommt zu Spannungen, die sich in regionalen Rezessionen und damit Arbeitslosigkeit ausdrücken. Nur durch die ständige Ab- und Zuwanderung von Arbeitskräften können die Unterschiede mehr schlecht als recht unterdrückt werden. Für einen großen Teil der Bevölkerung bedeutet dies, daß sie nie in der Lage sein werden, sich eine Existenz aufzubauen und dazu verurteilt sind, immer den wechselnden Konjunkturzonen auf dem Kontinent hinterherzulaufen.

Man stelle sich einmal vor, was in Europa geschähe, wenn das Euro-Projekt tatsächlich bis zum Ende verwirklicht würde – wenn dann aus den durch die Einheitswährung entstehenden Armutszonen große Wanderungsbewegungen in Gang kämen. Die stärkeren Staaten würden von einer Einwanderungswelle überschwemmt werden, die zu einem deutlichen Druck auf das Lohnniveau führen müßte. Wegen unterschiedlicher Sprache und Kultur würden diese Wanderungsbewegungen längst nicht so akzeptiert wie in den USA, Fremdenfeindlichkeit und Unruhen würden auf der Tagesordnung stehen.

Ähnlich beschreibt auch der Nobelpreisträger für Wirtschaftswissenschaft, Prof. Milton Friedman, die Problematik: In den USA müssen die unterschiedlichen Entwicklungsgeschwindigkeiten der einzelnen Bundesstaaten durch die Ab- und Zuwanderung der Arbeitskräfte ausgeglichen werden. Dies ist hier unter Schwierigkeiten immerhin noch möglich, da ein Umfeld, wie gemeinsame Sprache, Kultur etc., gegeben ist, was in Europa eben allein infolge von Sprach- und Kulturbarrieren schlichtweg nicht möglich ist. Hier, im europäischen Raum, sieht Friedman einen äußerst nützlichen Anpassungsmechanismus in flexiblen Wechselkursen und befürchtet durch die Einführung des Euros wachsende Spannungen, wie sie durch Wechselkursveränderungen leicht ausgeglichen werden könnten.[89] Doch muß es nicht erst zur endgültigen Verdrängung der nationalen Währungen kommen, bis die Probleme deutlich hervortreten.

Schon jetzt sind regionale Preisanpassungen nicht mehr möglich, sie müssen sich vielmehr am Euro-Raum im ganzen orientieren. So beklagte bereits der Branchenverband der elektronischen Bauelemente, daß Anpassungen an lokale Preisverhältnisse immer weniger möglich seien und es kein Preisgefälle zwischen Ländern mit großer und geringer Wirtschaftskraft mehr geben werde. Der

Druck auf die Preise werde steigen, der durch weitere Rationalisierungsmaßnahmen ausgeglichen werden müßte.[90] Früher hatte jede Wirtschaftsregion eigene, durch den jeweiligen Wechselkurs angepaßte Preise, nun wird durch die Verrechnungseinheit Euro alles gleichgemacht – strukturschwache Gebiete verarmen auf diese Weise. Anstatt die Anpassungen unterschiedlicher Produktivität schmerzlos über Wechselkurse erfolgen zu lassen, wirken sich nun die Ungleichheiten dahingehend aus, daß ganze Regionen ihre Wettbewerbfähigkeit einfach verlieren, was mit Arbeitslosigkeit und Armut einhergeht. Um ein weiteres Absinken strukturschwacher Regionen zu verhindern, sind deshalb Transferleistungen der stärkeren Gebiete nötig.

*»Die deutsche Währungsunion hat gezeigt, welche Verwerfungen entstehen, wenn diese Regel (Wegfall der Wechselkurse und sinkende Löhne, d.A.) mißachtet wird. Ein Transfersystem würde nötig, das für Europa eine enorme Sprengkraft besäße.«*
Lutz Hoffman, ehemaliger Leiter des Deutschen Institutes für Wirtschaftsforschung (DIW)[91]

## Transferlasten

In den starken Ländern wird mit weniger Geldkapital mehr erzeugt, was eine höhere Rendite des eingesetzten Kapitals bedeutet. In den schwächeren Regionen entsteht dann im Euro-System durch Kapitalflucht große Armut, Unruhe und Unzufriedenheit. Um eine absolute Verarmung zu verhindern, werden dann große Transferleistungen von den starken (in erster Linie Deutschland) zu den schwachen Ländern (Spanien, Portugal, Italien, Griechenland, Belgien) nötig. Vermutlich ist die Hoffnung auf Unterstützungsgelder auch der Hauptgrund für die weniger produktiven Nationen, die europäische Einheitswährung schnell zu fordern. Bei Transferleistungen ist der Streit schon vorprogrammiert: Wieviel soll gezahlt werden? Den Zahlern ist es immer zu viel, den Empfängern zu wenig. Am Ende ist die Gefahr groß, daß alles, wie in Jugoslawien geschehen, in großen gewaltsamen Konflikten untergeht.

Der Spekulant und Multimilliardär George Soros warnte bereits davor, daß es in Frankreich mit seinem Hang zum Aufruhr eine Revolte geben könnte, wenn die Arbeitslosigkeit unter den Maastrichter Zwängen nicht bekämpft werde. Genauso sieht es der US-Ökonom und Währungsfachmann Rudi Dornbusch, der die europäische Einheitswährung als »Euro-Phantasien« bezeichnete und ein hohes Rezessionsrisiko mit der Gefahr politischer Unruhen sieht.[92] Ebenso betrachtet es der Direktor der Schweizer Nationalbank Georg Rich, der den Hauptnachteil des Euros darin sieht, daß sich die Europäische Zentralbank an Europa im ganzen orientieren muß und keine Rücksicht auf die einzelnen sehr unterschiedlichen Regionen nehmen kann.[93] Der Euro schadet somit sowohl den wirtschaftlich starken Ländern, die durch einen ständigen Kapitaltransfer die Schwachen stützen müssen, als auch den weniger produktiven Staaten, die in Abhängigkeit geraten. Diese Transferlasten, die von der Bevölkerung stärkerer Staaten aufgebracht werden müssen, werden die Aggressionen zwischen den Staaten in Europa noch weiter anheizen, zusätzlich zu den konfliktsteigernden Wanderungsbewegungen. Wie soll der Bevölkerung auch klargemacht werden, daß sie nun auf Einkommen verzichten soll, um schwächere Regionen in Europa zunehmend unterstützen zu können. Schon innerhalb Deutschlands ergeben sich durch Transferlasten ernstzunehmende Differenzen zwischen den Bundesländern – wie soll es dann erst aussehen, wenn für völlig fremde Staaten in Europa bezahlt werden soll?

## Transferlasten bringen Streit – der deutsche Länderfinanzausgleich

Der sich verschärfende Streit um den deutschen Länderfinanzausgleich ist ein weiteres Beispiel dafür, daß eine Transferunion langfristig zum Konflikt führt. Die wirtschaftlich schwächeren nord- und ostdeutschen Länder müssen von den süd- und westdeutschen Bundesländern finanziell unterstützt werden, um eine Verarmung zu vermeiden. Einen deutlichen Hinweis über die unterschiedliche Produktionskraft in Deutschland zeigt hier eine Karte der Arbeitslosigkeitsverteilung und der entsprechenden Zahlungen an den Länderfinanzausgleich (Abb. 4).

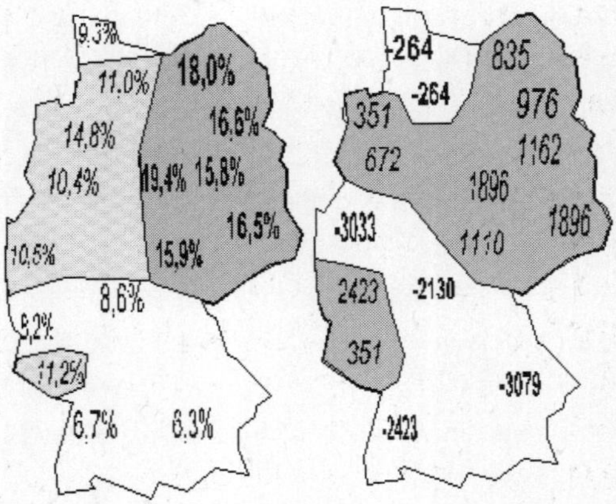


***Abb. 4: Arbeitslosigkeit (3 Zonen: <10%; 10–15%; >15%) und Zahlungen an (–) oder aus dem Länderfinanzausgleich (in Mio. DM/Jahr)[94].***

Durch eine gemeinsame Währung wird das Kapital bevorzugt in den rentableren Süd- und Westländern investiert, wobei die Arbeitslosigkeit in den übrigen Regionen höher ausfällt, trotz Zahlungen durch den Länderfinanzausgleich. Tatsächlich ist Deutschland in diesem Sinne recht inhomogen: So wies bereits die Gemeinschaft zum Schutz der deutschen Sparer darauf hin, daß beispielsweise Ende 1998 die Arbeitslosigkeit in Deutschland zwischen 6,3 Prozent in Bayern und bis zu 19,4 Prozent in Sachsen-Anhalt reichte. Die Einkommen divergierten ebenso deutlich und sind ein deutliches Indiz für die unterschiedliche Produktivität in

Deutschland.[95] Nur durch den Länderfinanzausgleich kann hier überhaupt eine gemeinsame Währung gehalten werden. Dabei müssen die Länder teilweise bis zu 80 Prozent ihrer Steuereinnahmen abgeben, was ihren Finanzbedarf übersteigt.[96] Kein Wunder, daß die Streitigkeiten hier immer größer werden.

Aus wirtschaftlicher Sicht wäre die Schaffung von drei Währungszonen mit freiem Wechselkurs zueinander in Deutschland zu überlegen: Süddeutschland, Norddeutschland und Ostdeutschland. Innerhalb anderer Nationen wie etwa Italien, Belgien oder den USA sind die Differenzen teils noch größer. Auch hier wären eher mehr statt weniger Währungsgebiete nötig. Schon im EWS (Europäisches Währungssystem) waren die Spannungen so groß, daß viele Nationen durch festgelegte Wechselkurse in wirtschaftliche Schwierigkeiten gerieten. Der Nobelpreisträger Milton Friedman weist zu Recht darauf hin, daß in den vergangenen 40 Jahren nur die Länder in Europa hoher Arbeitslosigkeit entgingen, die aus dem System fester Wechselkurse ausgebrochen sind.[97] Wie hoch die Forderungen bei einer Transferunion sein werden, läßt sich heute schon erahnen, wenn man die Forderungen der Südländer nach höheren Zahlungen der starken Staaten an die EU sieht.[98] Wie soll hier ein friedliches Europa entstehen? Anstatt Lehren daraus zu ziehen und den Sinn von Wechselkursen zwischen sich unterschiedlich entwickelnden Regionen zu erkennen, soll nun das Projekt »gemeinsame Währung« auf ganz Europa ausgedehnt werden. ***Es muß die Frage gestellt werden, ob es für Europa nicht besser wäre, mehr Währungsgebiete einzuführen, anstatt eine jegliche marktwirtschaftliche Selbstregulation verhindernde Einheitswährung anzustreben?*** So besteht zum Beispiel in Italien zwischen Nord und Süd eine große wirtschaftliche Differenz. Das Verhältnis der Staatsausgaben – die Transferleistungen sind ein beträchtlicher Anteil davon – zum Sozialprodukt macht im Süden 70 Prozent aus. Konsum und Investitionen übertreffen im Süden das Sozialprodukt um über 15 Prozent. Die hohen Ausgleichszahlungen wären nicht nötig, wenn beide Regionen eigene Währungen besitzen würden.[99] In Großbritannien kann die gemeinsame Geldpolitik ebenfalls weder dem wirtschaftlich schwächeren Norden, noch dem stärkeren Süden gerecht werden. Am Ende geraten beide Regionen in Schwierigkeiten.[100] Dafür, daß die Einführung einer starken Währung in einem schwachen Land zum Zusammenbruch führen muß, sind wieder die Geschehnisse der letzten Jahre der beste Beweis.

*»Für große Teile Europas wird es nicht mehr möglich sein, sich aus Phasen schwachen, volkswirtschaftlichen Wachstums durch die Abwertung von Wechselkursen zu befreien.«*
Paul Volcker, Ex-Zentralbanker, USA[101]

## Der Zusammenbruch – die Folge einer Einheitswährung

Was uns mit der endgültigen Einführung des Euros erwartet, darüber können wir uns heute in einer Reihe von Ländern informieren, die fatalerweise fremde Währungen für den eigenen Wirtschaftsraum übernommen haben. Man beachtet bei solchen Entscheidungen gar nicht, daß jede Währung dem entsprechenden Wirtschaftsraum angepaßt sein muß: Wenn also eine starke Währung in einem schwachen Land eingeführt wird, dann stärkt dies keinesfalls das Land, sondern führt durch die einsetzende Kapitalflucht zu einem Bankrott der Wirtschaft.

Dabei ist zu beachten, daß eine solche Übernahme einer Währung oder der Euro für Europa kaum mehr rückgängig zu machen ist, während der Fehler fester Wechselkurse durch Freigabe desselben und unter großen Opfern wenigstens teilweise korrigiert werden kann. Sollte der Euro tatsächlich bald als Bargeld die nationalen Zahlungsmittel verdrängt haben, dann stehen uns in der Tat stürmische Zeiten ins Haus, wie der nicht enden wollende Konflikt im Kosovo eindrucksvoll belegt.

## Der ewige Krieg auf dem Balkan

Die ungünstigen Folgen der Übernahme einer starken Währung in einem wirtschaftlich schwachen Land zeigten sich im Kosovo: Nach Einführung der D-Mark als offizielle Währung mußte der stellvertretende Chef der UN-Verwaltung Koenigs erklären, daß im Kosovo keine Währung vorhanden sei. Er meinte, daß vier Tonnen Bargeld in kleinen und mittleren Scheinen gebraucht würden, die 60.000 Leuten in die Hand gegeben werden müßten, um überhaupt Kaufkraft in die Region zu bringen.[102] Die D-Mark wird entweder gehortet oder fließt in das produktivere Deutschland zurück – ein Tauschmittel ist deshalb im Kosovo nicht vorhanden und die Verhältnisse verschlimmern sich. Da es zu einer dauernden Depression durch Kapitalflucht kommt und eine Beruhigung der Lage durch Aufleben der Wirtschaft ausgeschlossen ist, muß der Kosovo bis in absehbare Zeit im ewigen Krieg verharren.

Neben dem Kosovo führte im Herbst 1999 auch Montenegro die D-Mark als Zweitwährung ein. Nach Angaben des Wirtschaftsprofessors Henke könne sich das Land keine eigene Währung leisten, weil die Devisenreserven zu gering seien.[103] Diese Aussage entspringt einem mangelnden Wissen darüber, was eine Währung überhaupt darstellt. Der Wert einer Währung bemißt sich dabei keinesfalls an irgendwelchen Devisenreserven, sondern hängt letztlich nur von der Leistungsfähigkeit der Bevölkerung ab. Devisenreserven sind völlig überflüssig und führen nur dazu, daß die Notenbank hohe Zinslasten für geliehenes Geld tragen muß. Ende 2000 wurde dann sogar die D-Mark als alleiniges Zahlungsmittel eingeführt und hat damit, wie schon zuvor in Bosnien-Herzegowina und dem Kosovo, die nationale Währung verdrängt.[104] Auch die kroatische Nationalbank erklärte Anfang 2001, den Euro als Zweitwährung einführen zu wollen.[105] Die Folgen, die sich aus der Kapitalflucht ergeben müssen, sind heute bereits vorherzusehen, genauso wie die politischen Spannungen, die daraus resultieren und den ganzen Balkan destabilisieren. Doch scheinen die Verantwortlichen ein großes Interesse daran zu haben, daß die ganze Welt von irgendwelchen Fremdwährungen, meist dem Dollar, abhängig ist. Mit welchem Nachdruck, auch entgegen aller Proteste der eigenen Bevölkerung, hier vorgegangen wird, zeigte das Beispiel Ecuador.

*»Manche Länder diskutieren ja sogar, ob man die eigene Währung ganz abschaffen soll. Das ist eine Entscheidung, die allerdings wohlüberlegt sein will. Denn mit dem Verzicht auf die eigene Währung verliert die nationale Wirtschaftspolitik zwei Handlungsoptionen: den Wechselkurs und die Geldpolitik. Die Frage, an welcher Währung sie sich orientieren, ist dagegen wohl eher zweitrangig ...«*

Ernst Welteke, Präsident der Deutschen Bundesbank[106]

## Ecuador – mit dem Dollar in die Armut

Aufschlußreich war die zwangsweise Einführung des Dollars in Ecuador. Im Herbst 1999 konnte Ecuador seine Schulden nicht mehr bedienen und mußte, als erstes Land seit langem, die Zahlungsunfähigkeit erklären. Dadurch stürzte die Währung ab, weshalb der Präsident die Einführung des Dollars forderte. Die Bevölkerung, mehrheitlich Indianer, allerdings rebellierte dagegen. Ihnen war offensichtlich klar, daß diese Maßnahme eine weitreichende Verarmung zur Folge hätte. Die Revolte wurde dadurch beendet, daß der Präsident zurücktrat und Vizepräsident Noboa das Amt übernahm. Schon in einer der ersten Erklärungen erklärte jedoch Noboa, trotz ungezählter Demonstrationen und Proteste der Bevölkerung, daß auch er den Dollar auf alle Fälle einführen werde. Im März 2000 brachte Noboa das Reformpaket durch das Parlament, was die internationalen Finanzorganisationen gleich mit Kreditzusagen über 2,045 Milliarden Dollar unterstützten, auf einen Zeitraum von drei Jahren verteilt. Doch mit dem angekündigten Kredit wachsen die ohnehin schon horrenden Auslandsschulden von über 15 Milliarden Dollar weiter an. Durch die Anbindung der Währung an den Dollar steigen auch die Preise auf internationales Niveau, was die Armen (60 Prozent der Bevölkerung) noch ärmer machen wird.[107] Ende 2000 wurde dann die Landeswährung Sucre nach 116 Jahren endgültig vom US-Dollar abgelöst.[108]

Offenbar scheinen bei Währungsfragen weder demokratische noch wirtschaftliche Entscheidungen eine Rolle zu spielen. Ecuador wird durch die Dollareinführung den Bankrott erleben. In einer neuen Wirtschaftskrise wird sich das Kapital sofort in den stärkeren Währungsraum Amerika zurückziehen. Die Wirtschaft in Ecuador muß somit zusammenbrechen, da das Tauschmittel Geld fehlt.

Leider hat man aus diesen Beispielen nichts gelernt und möchte, neben dem Euro in Europa, in weiten Teilen Mittel- und Südamerikas den Dollar als Währung einführen.

Wie der US-Ökonom Steve Hanke prophezeite, wird es im Jahr 2005 in Lateinamerika nur noch den amerikanischen Dollar und allenfalls den brasilianischen Real geben. Bereits im Jahr 2000 entschieden sich drei Länder für die Einführung des US-Dollars.

Dazu gehörten neben Ecuador auch El Salvador und Guatemala, die ab Januar bzw. Mai 2001 den Dollar als nationales Zahlungsmittel zulassen.[109] Die Folgen dieser Entscheidungen sind heute bereits absehbar, sie werden die Länder jeglicher Währungssouveränität berauben und keinen Handlungsspielraum für die Wirtschaftspolitik mehr übriglassen.

Neben diesen Beispielen aus dem Ausland, haben wir mit der Deutschen Einigung und der Einführung der D-Mark in der ehemaligen DDR eines der besten Beispiele dafür, wie eine starke Währung in einem schwachen Land die Unternehmen bankrott gehen läßt und das Land in eine dauernde Depression stürzt. ***Besonders interessant ist dabei die Beobachtung, wie exakt dieselben Verantwortlichen, die damals das deutsch-deutsche Projekt durch falsche währungspolitische Vorstellungen scheitern ließen,***

***wenig später genau solch eine Einheitswährung auf ganz Europa ausdehnen wollen.***

*»Die Geschichte der Wiedervereinigung sei ein ›Musterbeispiel‹ dafür, daß für das Primat der Politik über die Ökonomie oftmals ein hoher Preis zu zahlen ist. … Nach den Worten Horns (Leiter der Konjunkturabteilung beim DIW, d. A.) führte die ›extrem hohe Aufwertung der Mark der DDR zum Verlust der wirtschaftlichen Leistungsfähigkeit und der Konkurrenzfähigkeit auf den Weltmärkten‹.«*

Die Welt, 28.6.2000 zur DIW-Studie: »Zehn Jahre deutsche Währungs-, Wirtschafts- und Sozialunion«

## Widerlegung jeder Einheitswährung: Die D-Mark-Einführung in der DDR

Der Zusammenbruch der DDR kam für viele Politiker sehr überraschend. Zunächst herrschte große Ungewißheit darüber, in welche politische und wirtschaftliche Richtung sich Deutschland ab diesem Zeitpunkt entwickeln würde. In dieser Zeit des Aufbruchs fällte jedoch der damalige Bundeskanzler Kohl eine folgenschwere Fehlentscheidung, als er plötzlich die Einführung der D-Mark in der DDR fordert. Durch kräftige Unterstützung der Medien wurde in der Öffentlichkeit der Wunsch nach der Westwährung geschürt. Dabei informierte man die DDR-Bewohner jedoch nicht über die katastrophalen Folgen, die eine solche Einführung der Westwährung zeitigen mußte. Dabei war das Lancieren der D-Mark in der damaligen DDR schon mehr als seltsam: Noch am 6. Februar 1990 wies der damalige Bundesbankpräsident Pöhl die Idee einer einheitlichen Währung als »sehr phantastisch« zurück; am selben Abend machte Kohl das Angebot zum deutsch-deutschen DM-Verbund. Pöhl kündigte im Mai 1991 seinen vorzeitigen Rücktritt an.[110] Der damalige Bundesbankpräsident erklärte zehn Jahr später, daß die Bundesbank von der Entscheidung überrumpelt worden sei.

Sogar das Bundestagskabinett war nicht informiert, nur vier Parteivorsitzende seien unterrichtet gewesen.[111] Nach Einführung der D-Mark kam es augenblicklich zu einem Zusammenbruch der im Vergleich zu anderen Ostblockländern guten Wirtschaft der DDR. Außerdem fiel über Nacht der gesamte Außenhandel mit der Sowjetunion (der weltweit größte Außenhandel zweier Länder überhaupt) weg, da die harte D-Mark keinen Handel mehr mit einem schwachen Rubel ermöglichte. Durch einen entsprechend günstigen Wechselkurs der Ost-Mark gegenüber der D-Mark hätte die DDR mit dem Westen, genau wie heute Spanien in Europa, konkurrieren können. Mit Einführung des Westgeldes jedoch mußte auf Basis einer für dieses Land viel zu harten Währung konkurriert werden. So gerieten die neuen Bundesländer in Abhängigkeit vom Westen. Nach einer Aufwertung um fast 400 Prozent erfolgten sofort Betriebsschließungen, was zu Massenarbeitslosigkeit führte.[112]

Daneben wurden durch den Umtausch der Ost-Mark in die D-Mark im Verhältnis 1:1 auch die gesamten Schulden in hartes Geld umgewandelt. Ebenso mußten die Löhne plötzlich in D-Mark ausbezahlt werden. Der damalige Bundesbankpräsident Pöhl meinte dazu: »Die damaligen Fehler sind sehr einfach zu beschreiben. Man hat gar nicht darüber nachgedacht, ob man nicht einen Wechselkurs für die Einführung der DM in Ostdeutschland zu Grunde legen sollte. Die Betriebe mußten von einem Tag auf den anderen ihre Löhne in DM bezahlen, und zwar die gleichen Löhne, die sie vorher in Ost-Mark bezahlt hatten. Und das konnte natürlich niemand. Alle Betriebe waren faktisch zahlungsunfähig, von einem Tag zum anderen. … Die Konsequenzen sind heute ganz klar. Die frühere DDR ist weitgehend deindustrialisiert ...«[113]

*»Eine bodenlose Naivität – um nicht ein schlimmeres Wort zu wählen – nicht zuletzt im Angesicht der bevorstehenden Wahlen 1990 – prägte die Finanzplanung.«*

Prof. Dr. Jochimsen, Präsident der Landeszentralbank Nordrhein-Westfalen

## Gewaltiger Zusammenbruch durch inkompetente Entscheidungen

Nur durch massive Transferleistungen (1998 Rekordwert von 189 Milliarden DM[114]) kann heute ein Abrutschen auf das unterste soziale Niveau verhindert werden. In diesem Zusammenhang wies eine Studie des RWI-Institutes darauf hin, daß die Transferlasten auf unbestimmte Zeit weiter in hohem Umfang nötig sein werden. Daneben hätte sich der Schuldenstand in der ehemaligen DDR innerhalb von nur zehn Jahren auf 6.850 DM pro Einwohner erhöht. Für eine ähnliche Verschuldung hätte der Westen 50 Jahre benötigt.[115] Ein Drittel des Konsums muß durch Gelder aus dem Westen finanziert werden. Studien gehen davon aus, daß die neuen Bundesländer noch bis zu 30 Jahre auf kräftige Unterstützung angewiesen sind.[116]

Trotz dieser massiven Hilfszahlungen konnte jedoch eine Abwanderung aus den neuen Bundesländern nicht verhindert werden. So ist der Bevölkerungsstand von Städten wie Dresden oder Leipzig, durch Abwanderung der Bevölkerung nach Westdeutschland, unter das Niveau von 1908 abgerutscht.[117] Durch Beibehaltung der Ost-Mark wäre das Kapital, das heute nach Tschechien oder nach Ungarn fließt, in die politisch und gesellschaftlich viel stabileren neuen Bundesländer geflossen. Bei gleichzeitiger Unterstützung des Westens wäre hier Massenarbeitslosigkeit und Niedergang vermieden und die Grundlage für dauerhaften Wohlstand geschaffen worden. Heute sind die Wachstumsraten bereits hinter den westdeutschen zurückgeblieben. Das Bruttosozialprodukt pro Einwohner ist gerade halb so groß und die Lohnstückkosten sind ein Viertel höher als in Westdeutschland.[118] Damit werden die neuen Bundesländer wohl auf absehbare Zeit hinaus zum »Armenhaus Deutschlands« gehören. Wahrscheinlich wird das »geeinte Deutschland« unter dem Währungsdruck langfristig zerbrechen. Mit Recht wies Bundestagspräsident Thierse darauf hin, daß der Osten sozial und wirtschaftlich »auf der Kippe« stehe. Nach einer Prognose des DIW wird das Wirtschaftswachstum auch 2002, dem sechsten Jahr in Folge, hinter dem westdeutschen zurückbleiben. Gleichzeitig sei eine dramatische Abwanderung zu registrieren.[119] Der Bundestagspräsident erklärte später nochmals, daß ein abhängiger Osten zwar zu schwach sein mag, um die Republik zu gefährden, jedoch beschädigen könne er sie durchaus.[119a] Die anderen Staaten des Ostblocks konnten demgegenüber, durch ihre eigenständigen Währungen, den Großteil ihrer Industriearbeitsplätze retten, obwohl die DDR wesentlich konkurrenzfähiger gewesen wäre. Beispielsweise konnte Tschechien 68 Prozent, Ungarn 77 Prozent, Polen 85 Prozent der Industriearbeitsplätze beibehalten, während dies in der DDR nur 19 Prozent waren.[120]

Die katastrophale Umstellung der Neuen Bundesländer auf das Westgeld erfolgte dabei nicht unwissentlich, sondern absichtlich. So war einem Artikel der *Süddeutschen Zeitung*[121] über die Kohl-Biografie von Klaus Dreher zu entnehmen, daß der damalige Bundeskanzler gut über die eigentlichen wirtschaftlichen Verhältnisse in der DDR Bescheid wußte: »Helmut Kohl kannte bei seinem ersten Besuch in der DDR nach dem Mauerfall am 19. Dezember 1989 die wirtschaftlichen Schwierigkeiten des sich auflösenden zweiten deutschen Staates sehr genau. … Dennoch entschloß sich Kohl schon Anfang Februar 1990, in der DDR eine Wirtschafts- und Währungsreform als alleiniges Heilmittel zur Behebung der wirtschaftlichen Not einzuleiten. Das war einer der einsamen Entschlüsse, die er ohne Beratung mit seinen Fachleuten und gegen den Rat der Experten traf.« Dabei wurde die Entscheidung, die D-Mark einzuführen, entgegen den Forderungen der Notenbank erhoben: »Zu der Zeit als er den Beschluß faßte und mit seinem Finanzminister Theo Waigel besprach, lehnte der damalige Bundesbankpräsident Karl-Otto Pöhl in Übereinstimmung mit seinem DDR-Kollegen Horst Kaminiski eine überhastete Einführung der D-Mark ab. Er wurde später von Waigel auf die Linie der Regierung gezwungen.« Bei diesen Beschlüssen scheinen ökonomische Gründe kaum eine Rolle gespielt zu haben, da anscheinend nach rein machtpolitischen Gegebenheiten entschieden wurde: »Grund für Kohls Drängen waren die Volkskammerwahlen, die in der DDR vor der Tür standen.« Vor allem die Entscheidung, die Währung im Verhältnis 1:1 statt 1:6 umzutauschen, verursachte später große Probleme, da damit die Schulden der Betriebe ebenfalls aufgewertet wurden: »Vollends entsetzt waren die Fachleute, als der Kanzler noch einen Schritt weiterging und verkündete, die DDR-Mark werde im Verhältnis 1:1 zur D-Mark umgestellt. ...Wirtschaftlich bewirkte die Umstellung der Währung eine Katastrophe.« Genauso warnte der heutige IWH-Vorsitzende Rüdiger Pohl Bundeskanzler Kohl 1990 vor einer Währungsunion mit ihren katastrophalen Folgen und erklärte zehn Jahre später: »Bei einer eigenen Währung hätte über den Wechselkurs Einfluß genommen und mit einer Abwertung der Anpassungsdruck vermindert werden können. Doch mit der politisch gewollten Währungsunion entfiel diese Möglichkeit. Die DDR-Betriebe sind rasant in die roten Zahlen gerutscht. Den sofortigen Crash konnten nur hohe Subventionen abwenden.«[122] Das Deutsche Institut für Wirtschaftsforschung erklärte, daß auch ein westliches Industrieland eine solch extreme Aufwertung seiner Währung nicht verkraftet hätte.

Als »nicht akzeptabel« bezeichnete der langjährige Leiter des Institutes Lutz Hoffmann die Behauptung, daß es zur schnellen D-Mark Einführung keine Alternative gegeben habe. Vor allem die Umstellung im Verhältnis 1:1 bzw. 1:2 bei Vermögen hätte dramatische Folgen gehabt, was die ostdeutsche Produktion um die Hälfte einbrechen und die Wirtschaftsleistung auf 30 Prozent fallen ließ.[123] Man muß sich diese Verantwortungslosigkeit der damaligen Politiker vorstellen. Noch am 8. Februar 1990 wies das DIW nachdrücklich auf die Gefahren der D-Mark-Einführung hin, und nur einen Tag später bezeichnete der Sachverständigenrat die Währungsunion als das falsche Mittel. Die gleichen Verantwortlichen, welche die deutsche Einheit mit falschen Entscheidungen in die Krise brachten, unterschrieben später den Maastrichter Vertrag zur Einführung des Euros. Wie gesagt, deutlich wird an jenem Beispiel der ehemaligen DDR, wie massiv eine starke Währung in einem schwachen Land die Wirtschaft zerstört. Man kann sich deshalb vorstellen, welchen Schaden der Euro in Europa anrichten muß.

Angesichts der Tatsache, daß bisher jedes Programm, das die Einführung einer starken Währung in einem schwachen Land bewirkte, zum Scheitern verurteilt war, stellt sich die Frage, warum die Verantwortlichen keine Lehren daraus ziehen? Statt dessen soll nun für ganz Europa mit unterschiedlichsten Staaten eine Einheitswährung begründet werden, deren Folgen noch erheblich über der der deutschen Einigung liegen müssen. Hier spielt das übrige wirtschaftliche Umfeld eine gewichtige Rolle.

*»Knüpft man zwei Volkswirtschaften unterschiedlicher Stärke zusammen, dann bedeutet es für die schwache Volkswirtschaft Strukturzusammenbrüche und Arbeitslosigkeit, und diese müssen finanziert werden. Insofern ist eine Analogie zur Vereinigungsproblematik gegeben, wenn man über Europa spricht ... Man kann nur sagen, daß, wenn eine schwache Währung wie die DDR-Währung mit der weltstärksten Währung wie der D-Mark zusammengekoppelt wurde, wie geschehen, daß das dementsprechend Konsequenzen für die Struktur der schwächeren Volkswirtschaft hat, und hier bedeutet die Währungsunion der beiden Teilstaaten ein interessantes, verallgemeinerungsfähiges Beispiel ...«*

Prof. Nölling, ehemaliger Präsident der Landeszentralbank von Hamburg[124]

# Der Euro und die kommende Wirtschaftskrise

Wenn man den zu erwartenden Verlauf unserer Wirtschaft nach dem Euro klären möchte, so ist es unverzichtbar, sich mit den grundlegenden Fehlern unseres Finanzsystems vertraut zu machen. Die Einführung des Euros fällt dabei in eine Phase, in der die Wirtschaft vor zunehmende Instabilitäten gestellt wird. Den wenigsten ist heute bekannt, daß es sich bei unserem Kapitalsystem als Ganzes um ein System mit Verfallsdatum handelt, welches zwangsläufig zum Zusammenbruch verurteilt ist.

## Ein System mit Verfallsdatum

Unser Wirtschaftssystem baut letztlich auf einer immer schnelleren Ausweitung der Verschuldung auf. Dies bestätigt ein Blick in die gesamtwirtschaftliche Finanzierungsrechnung der Deutschen Bundesbank: War die Gesamtverschuldung (Kredite von Staat, Wirtschaft und Privathaushalten) in Deutschland noch 1960 bei nur 311 Milliarden DM, steigerte sich die Last bis 1980 schon auf 2.370 Milliarden DM. Letztes Jahr wurde bereits die Grenze von 10.000 Milliarden Mark durchbrochen. Wie schnell deutlich wird, handelt es sich dabei um ein exponentielles, also explosives Wachstum, das mit immer schnellerer Geschwindigkeit abläuft. Die Entwicklung bedeutet eine Verdopplung der Kredite alle zehn Jahre. Dadurch hat sich die Schuldenlast seit 1960 um das 33fache gesteigert. Mit dieser Ausweitung der Verpflichtungen ist eine entsprechend steigende Zinslast verbunden. Demgegenüber wächst das Bruttoinlandsprodukt nur linear, also um annähernd gleiche Beträge pro Jahr: Seit 1960 hat sich hier die Wirtschaftsleistung nicht einmal vervierfacht – die Entwicklung verlief diesbezüglich also mehr als achtmal langsamer als die Schuldenlast. Die Kapitalkosten für die Schulden beanspruchen im Endeffekt einen immer größeren Anteil der Wertschöpfung (Abb. 5)

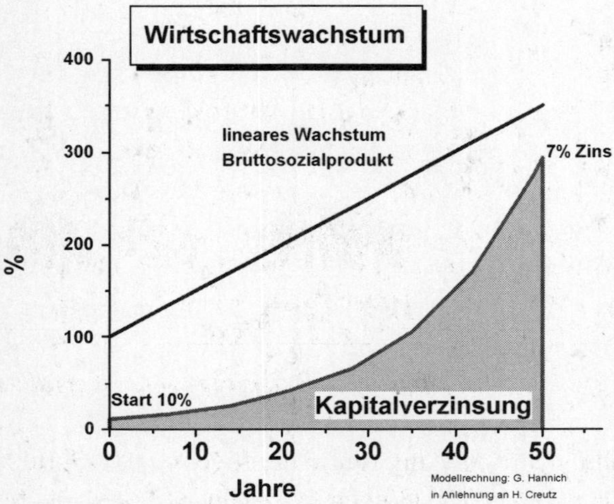


***Abb. 5: Modellrechnung, Entwicklung der Kapitalkosten und der Wertschöpfung.***

Hintergrund der Verschuldungsspirale ist die Konstruktion unseres Geldsystems: Der Großteil des Geldes, welches heute existiert, ist verzinst angelegt. Das bedeutet, daß die Geldvermögen jedes Jahr um den Zinssatz wachsen. Dabei werden die gewonnenen Zinsen wieder angelegt und im nächsten Jahr wieder verzinst. Das fatale bei einer solchen Zinseszinsentwicklung ist, daß der Zuwachs immer schneller vor sich geht, letztlich explodiert. Hätte beispielsweise jemand im Jahre 0 nur einen Pfennig zu fünf Prozent Zins angelegt, so wäre daraus durch Zinseszins im Jahre 1466 der Wert einer Erdkugel aus Gold und heute bereits derjenige von über 200 Milliarden massiv goldenen Erdkugeln geworden (»Josephspfennig«, Abb. 6).

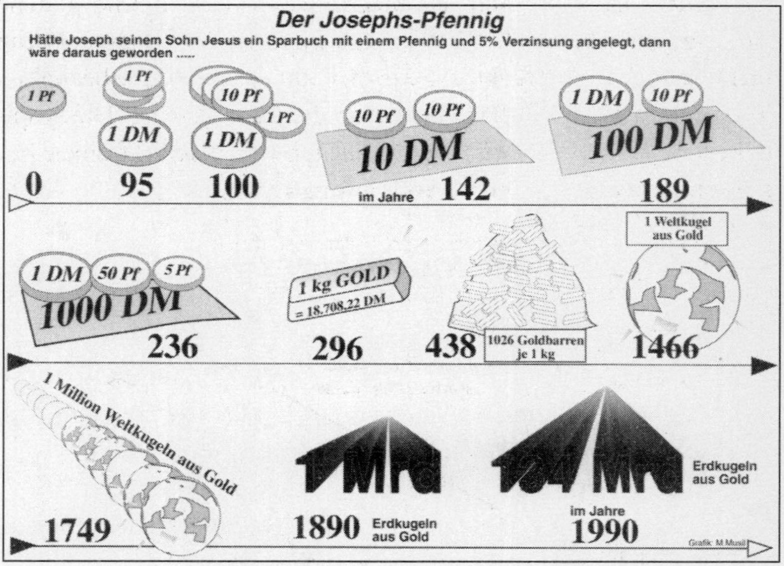


***Abb. 6: Der Josephspfennig – Beispiel für ein Zerfallssystem.***

Eine ähnliche Rechnung führte der Investmentexperte Marc Faber an, als er betonte, daß noch keine einzige Geldanlage je langfristig funktioniert habe. Er ging davon aus, daß ein Dollar im Jahre 1000 zu fünf Prozent Zins angelegt worden wäre und kam zum

Ergebnis, daß allein die Zinsgewinne dieses Vermögens heute das gesamte Bruttosozialprodukt der Welt um das Viermillionenfache übertreffen würden! Die gleiche Rechnung stellte Faber später zur erwarteten Zunahme des Dow-Jones-Aktienindex um 18 Prozent pro Jahr an, der durch dieses Wachstum schon nach kurzer Zeit astronomische Werte erreichen würde. An diesen Beispielen wird deutlich, daß das Zinssystem immer nur wenige Jahrzehnte existieren kann, bis es von neuem zusammenbricht. Da dieses System also nur begrenzte Zeit funktioniert, stellt es ein System mit Verfalldatum dar. Während jeder bei Zinsversprechen von 100 Prozent im Jahr an ein »Schneeballsystem« denkt, also ein System, das nur durch neue Anleger überhaupt die versprochene Rendite bezahlen kann, wird kaum jemand bei einem Zins von fünf Prozent mißtrauisch. Dabei explodiert jedes auf Zins aufgebaute System, wie obige Rechnungen verdeutlichen. Nur läuft das 100-Prozent-System zwanzigmal schneller als das Fünf-Prozent-System. Während das 100-Prozent-Schneeballsystem innerhalb weniger Jahre zusammenbricht, dauert es in der realen Fünf-Prozent-Version mehrere Jahrzehnte. Weil der Zerfall nur alle zwei Generationen stattfindet, erkennen lediglich die wenigsten die Zusammenhänge.

Wenn Sie an Ihr Vermögen denken, hört sich der Zinseszinseffekt noch sehr angenehm an, Sie gewinnen Geld, ohne dafür Leistung erbringen zu müssen, man läßt sein »Geld arbeiten«. Was häufig vergessen wird, ist die andere Seite, die Verschuldung: Jede Mark, die jemand als Zinsgewinn verbuchen kann, muß ein anderer als Verschuldung registrieren. Dabei wachsen die Vermögen und die Schulden jeweils um den gleichen Betrag. Wenn jemand viel Geld besitzt, hat er hohe Zinsgewinne und kann entsprechend mehr Geld anlegen, womit sein Zinsertrag im nächsten Jahr noch größer ausfällt. Auf der anderen Seite steigt die Verschuldung der breiten Bevölkerung, die für die Zinslasten von Staat, Wirtschaft und privaten Krediten aufkommen muß. Es entsteht ein Umverteilungseffekt von der Bevölkerung zu wenigen Superreichen.

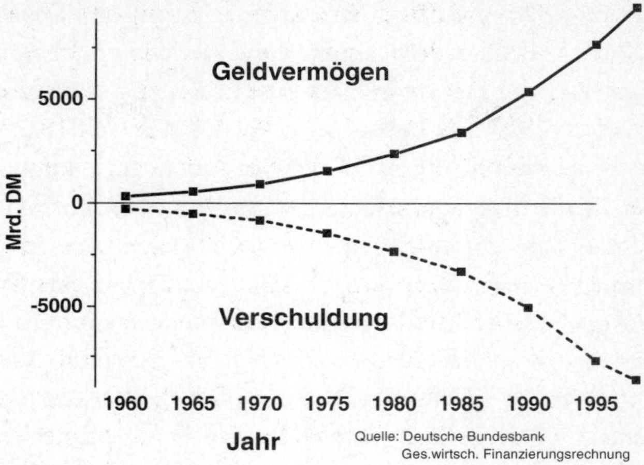


*Abb. 7: Entwicklung der gesamten Geldvermögen und der Schuldenlast.*

Die Abbildung 7 zeigt die Entwicklung der Gesamtgeldvermögen und kompletten Schuldenlast in Deutschland. Deutlich ist die immer schnellere Entwicklung nach dem Zinseszinsmechanismus zu erkennen. Dieses Wachstum der Vermögen und Schulden vollzieht sich unabhängig von der realen Wirtschaftsleistung. Auch die Inflation ändert nichts am Verlauf, da der Inflationssatz jeweils auf den Zins aufgeschlagen wird und damit den Gläubiger vor Wertverlusten schützt. In solch einem explodierenden System müssen die Probleme immer schneller zunehmen, da für die Schuldnerseite die »Bedienung« der Kredite mit der Zeit schwieriger wird. Da die Unternehmen immer höhere Zinslasten zu tragen haben, muß an anderer Stelle »gespart« werden – Arbeitskräfte werden »freigesetzt«. Genauso ergeht es dem Staat: Mußte 1950 nicht einmal ein Prozent des Bundeshaushaltes für den Schuldendienst aufgewandt werden, sind es heute schon 30 Prozent. Eine Schuldenkrise ist damit in jedem Land nur eine Frage der Zeit. Die Entwicklung der Staatsverschuldung verdeutlicht den Ernst der Lage.

Dabei liegt das Problem nicht bei der »Verschwendungssucht«

einzelner Politiker oder der »Anspruchshaltung« in der Bevölkerung, sondern die Schulden müssen im gleichen Umfang zunehmen, wie sich die Geldvermögen durch die Zinseszinsrechnung vervielfachen, egal wieviel »gespart« wird. Es handelt sich hier um einen richtigen Verschuldungszwang, nicht für den einzelnen, sondern für die Volkswirtschaft im ganzen. Das System kann dabei überhaupt nur so lange laufen, wie zunehmend Schulden gemacht werden, und wenn die Kreditaufnahme der Unternehmen nicht ausreicht, dann muß der Staat einspringen und den Schuldenüberhang aufnehmen. Würde nun niemand mehr Schulden machen, so müßte der Zinssatz auf null Prozent sinken, da den wachsenden Geldvermögen keine Nachfrage nach gleichhohen Krediten mehr gegenübersteht. Bei null Prozent Zins wird jedoch Geld überhaupt nicht mehr zur Verfügung gestellt, es zieht sich vielmehr aus dem Wirtschaftskreislauf zurück. Es entsteht eine »Deflation«, die in einer Wirtschaftskrise endet. Deflation bedeutet, daß sich die für den Waren- und Dienstleistungsaustausch verfügbare umlaufende Geldmenge verringert und deshalb die Preise verfallen. Weil die Preise fallen, sinken die Umsätze der Firmen, da Käufe der Kunden in die Zukunft verschoben werden, in der Hoffnung, alles werde noch billiger. Die Betriebe sind im weiteren Verlauf zu Entlassungen oder zur Firmenaufgabe gezwungen. Durch den steilen Anstieg der Arbeitslosigkeit wiederum sinkt die Kaufkraft der Bevölkerung und damit wieder die Umsätze der Unternehmen. Eine Pleitewelle ist die unmittelbare Folge, was wiederum die Banken unter Druck setzt, da Kredite in zunehmendem Maße nicht mehr eingefahren werden können. Damit laufen die Bankeinlagen und Ersparnisse der Menschen nun Gefahr, in Banken-Bankrotten verlorenzugehen. Sinkende Vermögen zwingen aber letztlich die Bevölkerung zu weiteren Konsumbeschränkungen, was die Umsätze der Unternehmen fallen läßt und der deflatorischen Abwärtsspirale neuen Schwung verleiht. Besonders wer verschuldet ist, gerät in der Krise schnell in eine ausweglose Situation.

Hier verwundert es wenig, daß eine solche Deflation mit der gesamten entstehenden Not im historischen Verlauf häufig in einem Krieg endete. Die Welt befindet sich mit diesem System in einem Teufelskreislauf aus Börsenkrach, Krieg und Zusammenbruch, der solange andauern wird, wie man nicht aus der Geschichte lernt und den Ursachen nachgeht. Doch nehmen bereits vor diesem Zusammenbruch die Probleme zunehmend größere Ausmaße an. Die Ursache liegt darin begründet, daß für die Volkswirtschaft im ganzen die steigende Belastung mit Kapitalkosten zunehmend fatale Konsequenzen zeitigt: Die Bedienung der Schulden nimmt durch den Zinseszinseffekt einen immer größeren Anteil an der Wertschöpfung der Volkswirtschaft ein, da der Zuwachs an Produktivität nicht ausreicht, um die exponentiell steigenden Zinslasten zu kompensieren. Das macht sich vor allem in Zeiten anziehender Zinsen bemerkbar. Konnten vor einiger Zeit die höheren Kapitalkosten noch durch kräftige Produktionssteigerungen aufgefangen werden, ist dies in einem Umfeld von Marktsättigung und zunehmendem Wettbewerb kaum noch möglich. In diesem Prozeß wird es für die Wirtschaft deshalb zunehmend schwieriger, Gewinne einzubringen, weil die Kapitalkosten immer größere Anteile davon beanspruchen. Die erzielbare Rendite muß deshalb in der produktiven Wirtschaft sinken, was in einem Renditerückgang um 1,3 Prozent jährlich, seit 1990, deutlich wird.

## Vom Börsenboom zum Börsenkrach

Weil sich Investitionen in der realen Wirtschaft deshalb immer weniger lohnen, fließt das Kapital zunehmend in den spekulativen Sektor – die Börsen beginnen zu boomen. Die Bewertungen der Aktien müssen sich dabei immer mehr von der wirklichen Entwicklung abkoppeln – die Überbewertung steigt. Zwangsläufig werden diesem Prozeß letztlich schwere Einbrüche auf dem Börsenparkett folgen. Die Investitionsquote wird danach massiv einbrechen, weil die aufkommenden Unsicherheiten jedes Investment als riskant erscheinen lassen. Erst durch eine massive Kapitalvernichtung in der Krise schließt sich der Kreis wieder und es beginnt ein neuer Zyklus im kapitalistischen System aus Aufbau, explodierender Verschuldung, Börsenboom, Geldcrash und Krise. Die Geschichte bestätigt dabei diesen Ablauf in einem Zyklus von jeweils etwa zwei Generationen – die Zusammenbrüche von 1873 und 1929 sind erschreckende Beispiele dieser Entwicklung.

(Näheres zum Zusammenbruch unseres Finanzsystems und zur Geldanlage kann nachgelesen werden in »Geldcrash – So retten Sie Ihr Vermögen« und »Börsenkrach und Weltwirtschaftskrise« von G. Hannich.)

Wie die Entwicklung unserer Wirtschaft aussehen könnte, läßt sich am besten anhand einer kurzen Betrachtung unserer Geschichte erkennen.

# Der Teufelskreis – Börsenkrach, Krieg, Zusammenbruch

Wer heute die Frage stellt, wohin sich unsere Gesellschaft entwickelt, der kommt um eine gründliche Beschäftigung mit unserer Vergangenheit nicht herum. Unsere Gegenwart wird dabei von den Medien als »die Beste aller Welten« gefeiert. Kein Zeitalter habe je solch einen »Fortschritt« erlebt und solch günstige Zukunftsaussichten gehabt. Kaum werden dabei allerdings die tieferen Mechanismen unseres Systems hinterfragt, zeigt sich doch bald, daß unsere Gesellschaft nicht nur zu einem weiteren Verfall, sondern sogar zum Zusammenbruch verurteilt und die heutige Welt keineswegs die »Beste« ist. Ein Rückblick in unsere Geschichte beweist, daß sich die Vorgänge immer wiederholen und auch unsere Zeit keineswegs eine Ausnahme darstellt. Dabei verläuft die Entwicklung immer von einem Boom über den Crash und die Krise zum Krieg. Die Entwicklung des Geldwesens war dabei stets die treibende Kraft, die über Wohl und Wehe der Menschen entschieden hat.

*»Der Wucherer ist mit vollstem Recht verhaßt, weil das Geld hier selbst die Quelle des Erwerbs und nicht dazu gebraucht wird, wozu es erfunden ward. Denn für den Warenaustausch entstand es, der Zins aber macht aus Geld mehr Geld. … Der Zins aber ist Geld von Geld, so daß er von allen Erwerbszweigen der naturwidrigste ist.«*

Aristoteles, griechischer Philosoph

## Die treibende Zerstörungskraft

Wer die Geschichte verstehen und daraus lernen will, muß deshalb zuerst die Grundlagen des Geldes erkannt haben. Dabei steht die Kultur auf der Gesellschaft, die Gesellschaft auf der Wirtschaft und diese ihrerseits auf der Geldordnung als Fundament. Wenn es also im Geldwesen Probleme gibt, werden sie sofort auf die Wirtschaft, die Gesellschaft und die Kultur übertragen. Bricht das Finanzsystem gar zusammen, muß auch zwangsläufig die komplette Gesellschaftsordnung zerfallen.

Wer nach einem beherrschenden Faktor im Geldsystem sucht, findet den Zwang eines jeden Landes, sich zu verschulden. Die Schulden können nie zurückgezahlt werden, sondern erhöhen sich jedes Jahr um den Zinssatz. Wichtig ist hierbei, nicht nur die reinen Staatsschulden, sondern auch die Kredite der Unternehmen und Privathaushalte zu betrachten. Wenn sich beispielsweise der Staat, wie in Amerika, weniger verschuldet, wachsen die Kredite bei den Unternehmen um so kräftiger an. Als Fazit bleibt: Zu allen Zeiten und an jedem Ort der Welt, wo ein Zinssystem herrschte, explodierte gleichzeitig die Verschuldung – bis zum Zusammenbruch. Dabei ist der Verlauf im Zinssystem genau entgegengesetzt einer natürlichen Entwicklung: Während in der Natur gesundes Wachstum (z.B. das eines Baumes) zunächst schnell erfolgt, sich dann verlangsamt und schließlich ganz beendet wird, ist es im Zinssystem umgekehrt. Hier beginnt das Wachstum langsam, beschleunigt sich immer mehr und geht rechnerisch ins Unendliche weiter. Kennzeichen einer solchen Entwicklung ist, daß sich z.B. die Schulden, abhängig vom Zinssatz, in gleichen Zeitabschnitten verdoppeln. Zinseszins heißt, daß die angefallenen Zinsen auf die Grundverschuldung addiert und im nächsten Jahr mitverzinst werden.

Das Zinseszinswachstum führt dabei nicht zu einer Stabilisierung, sondern setzt sich rechnerisch ins Unendliche fort. Wenn solch ein »Zinseszinswachstum« in der realen Welt, in der Natur auftritt, bedeutet es stets einen zerstörerischen Prozeß: Das Tumorwachstum beim Menschen etwa folgt einem Zinseszinsprozeß. Ist anfangs nur eine Krebszelle vorhanden, so teilt sich diese und es entstehen zwei Tumorzellen. Sie teilen sich wieder und daraus werden vier, dann acht, 16 usw. …, bis schließlich der ganze Körper vom Krebs zerfressen ist und der Mensch zugrunde geht!

Ähnlich bei einer Lawine: Rollt am Anfang nur ein Eiskristall, so stößt dieser einen weiteren an, dieser nochmals andere, bis am Ende der ganze Berg herunterkommt und alles im Weg Stehende zerstört.

Auch die Entwicklung einer Atombombenexplosion folgt einer Zinseszinskurve: Ein Atom wird durch Neutronenbeschuß gespalten und setzt seinerseits schon zwei Neutronen frei, die erneut jeweils ein Atom spalten können. Am Ende kommt es zur gewaltigen nuklearen Explosion.

Jedes System, das auf einem exponentiellen Zinseszinsmechanismus basiert, muß aus diesem Grund zusammenbrechen. Man kann sich das Ganze als eine Art Monopoly-Spiel denken, in der jemand am Anfang durch Zufall gute Bedingungen vorfindet und damit mehr Geld als die anderen erwirtschaften kann. Dieses Kapital verleiht er verzinst weiter und wird durch die Rendite noch reicher, kann deshalb noch mehr verleihen usw. Die anderen im Spiel verlieren dabei entsprechend an Vermögen und der Konkurrenzdruck unter den Mitspielern wird dabei immer größer. Dabei vervielfachen sich die Beträge, die an die Gewinnerschicht bezahlt werden, sehr schnell: Bei sieben Prozent Zins verdoppelt sich die zu zahlende Zinslast beispielsweise alle zehn Jahre.

Sind es heute in Deutschland 1.000 Milliarden DM (Zinsen auf Verschuldung von Staat, Unternehmen, Privathaushalten und indirekte Zinslast), so werden es in nur 50 Jahren schon 64.000 Milliarden und in 100 Jahren 2.048.000 Milliarden DM sein, die als gesamte Zinslast bezahlt werden müßten. Die Endphase ist in der Regel immer mit einem boomenden Börsenmarkt verbunden, weil das schnell zunehmende Zins-Kapital nach neuen Anlagemöglichkeiten drängt. Ein Crash mit einer Wirtschaftskrise ist dabei die unmittelbare Folge. An die Wirtschaftskrise schließt sich oft ein Krieg an, in welchem sich durch die Zerstörungen wieder renditeträchtige Anlagemöglichkeiten für das Zinskapital ergeben.

Mit diesem Hintergrund läßt sich der Ablauf der Geschichte verstehen, darüber hinaus lassen sich sogar Szenarien für die Zukunft entwickeln. Dabei wird deutlich, daß die Entwicklung immer nach demselben Muster verläuft. Sehen wir uns deshalb den Verlauf der letzten 130 Jahre an.

## Die Wirtschaftskrise 1873 – von der Gier zur Krise

Ein gutes Beispiel für ein Zinssystem in der Endphase ist die Gründerzeit um 1870. Unternehmen wurden durch massive Verschuldung gegründet und in Aktiengesellschaften umgewandelt. Die Betriebe waren dabei völlig überbewertet, was daran deutlich wurde, daß der Aktienwert oftmals das Doppelte oder Dreifache des realen Firmenwertes betrug. Dadurch konnte ein Aktienboom ausgelöst werden, dem immer mehr Menschen erlagen. Zum guten Teil wurde dabei die Gier des Menschen nach Reichtum von cleveren Geschäftemachern geschickt ausgenutzt, um kritisches Denken auszuschalten. Um die Anleger anzulocken, wurden bezahlte Personen damit beauftragt, ein reges Gedränge vor der Ausgabestelle vorzutäuschen. Gleichzeitig brachte die Presse Berichte über eine vielfache Überzeichnung der Aktien. In der Masse entstand dadurch der Eindruck, daß tatsächlich ein großes Interesse an den Aktien bestehe. Durch solche Tricks konnte die Entwicklung weiter angeheizt werden, und in den Jahren 1871 und 1872 erschien an der Börse in Berlin praktisch an jedem weiteren Tag ein neues Unternehmen auf dem Kurszettel. Die Entwicklung war mit einem steilen Anstieg der Wohnungspreise verbunden, da die reiche Oberschicht vermehrt Immobilien nachfragte. Die Entwicklung endete im März 1873 im Zusammenbruch, der die Bevölkerung in bittere Armut stürzte. Hunderttausende verloren ihre Existenzgrundlage, als die Kurse abstürzten. Die Aktienkurse lagen im Jahr 1876 nur noch halb so hoch wie während des Booms von 1873. Auch der Immobilienboom verdrehte sich ins Gegenteil, unzählige Wohnungen standen leer, weil viele Hausbesitzer ihre Kredite nicht zurückzahlen konnten. Der Börsencrash wirkte sich auf die ganze Wirtschaft als Deflation aus: Niemand wollte mehr investieren, niemand konnte etwas kaufen. Die Firmen blieben auf ihren Waren sitzen und mußten die Preise reduzieren. Löhne und Gehälter wurden im weiteren Verlauf gekürzt.[125]

Diese bis damals größte Wirtschaftskrise dauerte 23 Jahre und endete erst um die Jahrhundertwende in einer Zeit, in der sich Wirtschaftseinbrüche und Boom abwechselten. Dabei verschuldeten sich die Staaten im Kampf um Rendite immer weiter, was letztlich im Ersten Weltkrieg endete.

*»Der heute herrschende Kapitalismus in der Gesellschaft bedeutet ewigen Krieg ... Die Kriege sind Lösungsversuche wirtschaftlicher Fragen in kapitalistischem Sinne ... Die entscheidende Frage der Friedensbewegung lautet: Wird es gelingen, den heute herrschenden Kapitalismus aus der Gesellschaft zu beseitigen? ... Bleibt aber das kapitalistische Erwerbssystem herrschend, dann müssen die Zeiten der ewigen Kriege fortdauern, trotz aller Friedenskonferenzen.«*

Prof. Ruhland, System der politischen Ökonomie, 1908

## Der Erste Weltkrieg – der Zinskapitalismus fordert seine Opfer

Besonders die Deflation von 1912 wirkte sich katastrophal auf die Lebensumstände der Menschen aus. Die Staaten waren zu dieser Zeit so hoch verschuldet, daß beispielsweise Deutschland allein für seine Eisenbahnanleihen mehr Geld aufwenden mußte als für das gesamte hochgerüstete Heer. Insgesamt war die finanzielle Situation der meisten Staaten damals sehr angespannt, deshalb versuchte jede Nation, möglichst große Weltmarktanteile für sich zu beanspruchen, um die wachsenden Zinslasten tragen zu können. Damit entwickelte sich ein Konkurrenzkampf, der in den Ersten Weltkrieg mündete.

Wer das zinskapitalistische System durchschaut hatte, konnte schon lange vor dem Ersten Weltkrieg die Ereignisse vorhersagen. So rechnete der Professor für politische Ökonomie, Ruhland, bereits 1908 die Vermögenskonzentration durch den Zinseffekt aus und kam zum Ergebnis, daß ein Katastrophe absehbar sei: Die im Jahr 1870 mit 15 Millionen Mark Kapital gegründete Deutsche Bank wuchs bis 1908 auf ein Vermögen von 150 Millionen Mark an, im ganzen Syndikat sogar auf drei Milliarden Mark. Unter Beibehaltung dieser Steigerungsrate würde spätestens nach zehn weiteren Jahren das gesamte Volksvermögen von 150 Milliarden Mark der Deutschen Bank gehören. Doch dazu kam es nicht mehr – Ruhland sah bereits, sechs Jahre früher, den Ersten Weltkrieg voraus:

»Bei der nur zu oft maßlosen Inanspruchnahme des Kredits vollzieht sich hier mit Hilfe des Bank- und Börsenkapitals in einer anscheinend planvollen Weise eine nationale wie internationale Verkettung der Privatunternehmungen, die in unserem Kriegszeitalter uns eines Tages einer Krise entgegen zu führen droht, wie sie kaum in der Geschichte der Völker schon erlebt wurde.«

## Hyperinflation 1923

Durch Zinszahlungen und Schuldentilgung, wegen Reparationszahlungen nach dem Ersten Weltkrieg, war der Haushalt der deutschen Reichsregierung Anfang der zwanziger Jahre des 20. Jahrhunderts stark angespannt. Die Regierung versuchte mit immer höheren Reichsbankkrediten und Betätigung der Notenpresse, der Lage Herr zu werden. Das Giralgeld wuchs auf 500 Trillionen Mark, das umlaufende Bargeld auf fast dieselbe Menge. 300 Papierfabriken und 150 Druckereien waren mit der Herstellung von Banknoten beschäftigt. Die Kaufkraft des deutschen Geldes sank ins Bodenlose, der Kurs zum Dollar stieg steil an. Die Reichsbanknoten wurden mit immer höherem Nennwert ausgegeben. Es setzte eine Flucht in Dollar, Sachwerte und Immobilien ein. Die Geschäftsinhaber brachten ihr Geld schnellstmöglich auf die Bank und tauschten dieses in Fremdwährungen um. Wegen des schnellen Preisverfalls wurde der Lohn zweimal täglich ausgezahlt. Rapide verlor das Geld seine Zahlungsmittelfunktion gänzlich, und in der Tat wurden Naturalien zum Zahlungsmittel.[126] Die Hyperinflation kann dabei als unmittelbare Folge der Schulden aus den Reparationsforderungen an Deutschland nach dem Ersten Weltkrieg gesehen werden.

## Währungsreform 1923 – nichts aus der Geschichte gelernt

Nach der Hyperinflation 1923 wurde am 15. November 1923 eine Währungsreform eingeleitet. Dabei wurde eine Billion Papiermark in eine Rentenmark umgetauscht. Der Wechselkurs zum Dollar wurde auf 4,2 Rentenmark = ein Dollar festgesetzt. Bei der Rentenmark handelte es sich um ein Übergangsgeld, das am 30. August 1924 von der goldgedeckten, frei konvertierbaren Reichsmark abgelöst wurde.[127] Gerade jedoch diese Golddeckung sollte sich im weiteren Verlauf als sehr fatal herausstellen. Nach der Währungsreform ergab sich eine kurze Phase der scheinbaren Stabilität. Doch auch die Währungsreform von 1923 schaffte keine stabile Währung, sondern legte nur den Grundstein für eine noch viel schlimmere Krise – die Deflation.

## Die Deflation 1930

Nach dem Ersten Weltkrieg war eine massive Verschuldung Deutschlands in den USA aufgebaut worden. Dabei nahmen die Banken kurzfristige Kredite in Amerika, um das Geld langfristig zu verleihen. Wenn der Rückzahlungstag kam, wurden neue, wieder kurzfristige Kredite genommen. Ab 1927 kam es zu ersten Krisenerscheinungen. Der Zahlungsmittelumlauf ging stetig zurück, Konkurse und wachsende Arbeitslosigkeit folgten. Im Jahr 1930 erreichte die ausländische Verschuldung mit 22 Milliarden Mark einen Höhepunkt. Davon bestand die Hälfte in kurzfristigen Schulden. Richtig bedrohlich wurde die Situation jedoch erst nach dem Börsencrash von 1929 an der Wall Street. In der Krise wurden die Kredite zunehmend zurückgezogen, und deutsches Währungsgold floß nach Amerika. Der Zusammenbruch der Österreichischen Kreditanstalt am 11. Mai 1931 verursachte eine weltweite Angst um Kapitalanlagen in Deutschland. Die Folge war eine Kapitalflucht. Innerhalb weniger Wochen büßte die Reichsbank Gold und Devisen im Wert von zwei Milliarden Reichsmark ein. Ab Juli 1931 zog sich das Geldkapital massiv vom Markt zurück, da ausländische und deutsche Kunden ihr Geld von den Bankkonten abhoben. Durch den Goldstandard war die Notenbank dazu verpflichtet, ein Drittel des ausgegebenen Geldes als Golddeckung zu deponieren. Da innerhalb der Krise Gold aus Deutschland abgezogen wurde, mußte die Reichsbank die dreifache Menge an Geld einziehen, um die Deckung aufrechtzuerhalten. So breitete sich über den Goldstandard die Krise in Amerika auf die ganze Welt aus, da die meisten Länder ihre Währung an das Edelmetall gekoppelt hatten. Durch diesen Effekt wurde einmal die Deflation durch den Einzug des Tauschmittels Geld immer weiter verschärft und zum zweiten konnte die Notenbank keine eigenständige Politik betreiben, um die Krise zu bewältigen.

Interessant ist in diesem Zusammenhang eine genauere Betrachtung des US-Börsenkraches, der diese Entwicklung einleitete.

## Der Börsenkrach 1929

Die Bevölkerung glaubte damals vor allem in den USA tatsächlich an einen ewigen Wohlstand. Die Börsenkurse begannen ab 1924 zu steigen, und im Jahre 1927 erreichte die Spekulation ein deutliches Ausmaß. Weil die Kurse scheinbar unaufhörlich kletterten, erfaßte das Spekulationsfieber weite Bevölkerungsteile. Im Januar 1928 erklärte der Präsident sogar, es bestehe kein Anlaß zur Sorge, da die Börsenkredite nicht zu hoch seien. Der Zuwachs wurde mit der Verbreitung von Radioapparaten und Autos begründet. Durch den Aktienanstieg dieser Unternehmen wurde der Boom an der Börse eingeleitet. Rückschläge ignorierten die Anleger einfach, und in den Nachrichten erschienen Börsenmeldungen an erster Stelle. Doch weiterhin war eine Verharmlosung der Entwicklung von offizieller Seite zu vernehmen. Herbert Hoover erklärte beispielsweise in seiner Rede zur Nominierung als republikanischer Kandidat, daß Amerika kurz vor dem endgültigen Sieg über die Armut stehe – das Armenhaus werde verschwinden. Inzwischen versuchte die Federal Reserve Bank die Kreditausweitung für Aktienkäufe zu beschränken, indem langfristige Kredite hierfür gesperrt wurden. Die Anleger stiegen deshalb fatalerweise auf die noch riskantere kurzfristige Verschuldung um, wobei die Zinssätze schnell von zwölf auf 20 Prozent stiegen. Wie heute, so glaubten die Amerikaner damals auch, daß es nur darauf ankomme, bei Kursverlusten nicht zu verkaufen, da der Rückgang schnell wieder aufgeholt werde. Von offizieller Seite wurde die Spekulation immer weiter angeheizt: Zunehmend widersprachen sich die Experten bezüglich der weiteren Wirtschaftsentwicklung. Ängste wurden jedoch weiterhin beruhigt. So hielt zum Beispiel Professor Irving Fisher noch am 17. Oktober 1929 eine Ansprache, in der er betonte, daß in wenigen Monaten der Aktienmarkt eine noch bessere Anlage sein werde, mit höherem Stand als zum betreffenden Datum. Doch gab es keine Erholung mehr, und am 22. Oktober begannen die Kurse ohne Grund plötzlich zu fallen.

An jenem Tag hatte die Weltwirtschaftskrise begonnen, und die Börsenkurse verloren innerhalb weniger Jahre über 90 Prozent (Abb. 8). Deshalb brach die Kaufkraft der Bevölkerung ein, Unternehmens- und Bankpleiten vernichteten das Vermögen der Sparer. Das Geldkapital zog sich, wegen steigender Unsicherheiten, aus der Wirtschaft zurück, was einen starken Abfall des Preisniveaus nach sich zog. Weil die Preise verfielen (Deflation), ging der Absatz von Gütern sofort zurück, da jeder auf noch günstigere Preise wartete und seinen Kauf verschob. Damit kamen die Unternehmen in Bedrängnis und waren gezwungen, Arbeitskräfte zu entlassen, womit die Kaufkraft noch mehr einbrach. Zunehmend mußten Banken schließen, denn Kredite waren uneinbringbar. Die Lage

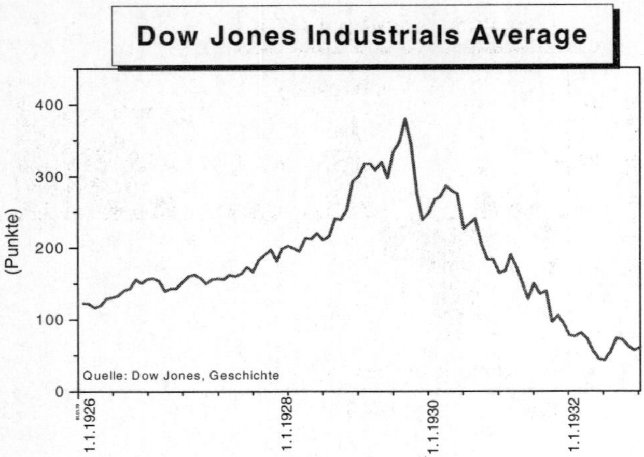


***Abb. 8: Dow Jones Aktienindex, Börse USA vor und nach dem Börsencrash 1929.***

endete in einer hoffnungslosen Situation. In diesem Umfeld entwickelte sich, wie vor dem Ersten Weltkrieg, wieder weltweit eine gespannte Situation, die nunmehr im Zweiten Weltkrieg gipfelte.

*»Die großen Kämpfe der neueren Zeit sind gegen Wunsch und Willen der Regierenden entbrannt. Die Börse hat in unseren Tagen einen Einfluß gewonnen, welcher die bewaffnete Macht für ihre Interessen ins Feld zu rufen vermag ...«*
Generalfeldmarschall Graf von Moltke (1800–1891)

## Der Zweite Weltkrieg – Folge der Weltwirtschaftskrise

Erst mit Ausbruch des Zweiten Weltkriegs steigerte sich die Wirtschaftsentwicklung weltweit in kurzer Zeit wieder zu einer Hochkonjunktur, da die Rüstungsindustrie rentable Anlagemöglichkeiten bot und damit die Geldhortung aufhob. (Abb. 9)

Durch den Weltkrieg wurde also die Deflation beendet, da jetzt wieder rentable Anlagemöglichkeiten in der Rüstungsindustrie

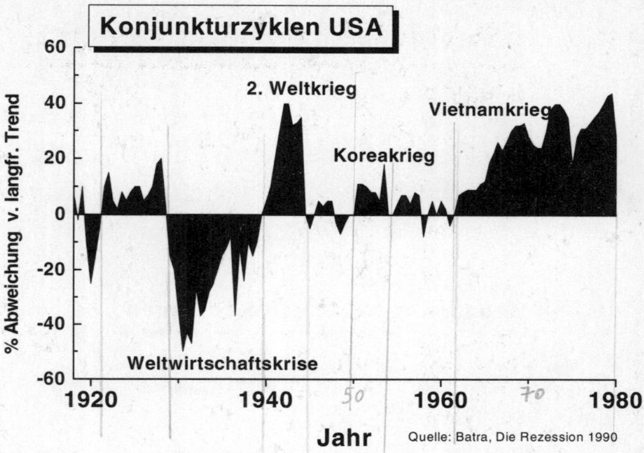


*Abb. 9: Konjunkturzyklen in den USA.*

vorhanden waren. Der Krieg zerstört auch genug Realkapital, wie Häuser, Fabriken und Maschinen, womit der Bedarf für Kredite wieder ansteigt. Durch die größere Nachfrage nach Geld gehen auch die Zinsen nach oben, womit es sich für den Geldausleiher wieder lohnt, sein Kapital für die Wirtschaft zur Verfügung zu stellen. Damit wird die Investitionsquote erhöht, allerdings erst, wenn die Zerstörung ein ausgiebiges Niveau erreicht hat. Der Krieg dient im Prinzip dazu, das zusammengebrochene Zinssystem wieder zum Laufen zu bringen.

Wie der bewaffnete Konflikt im Detail verläuft, ist in diesem Zusammenhang zweitrangig. In Deutschland verschlechterte sich die Lage nach Beginn der Weltwirtschaftskrise drastisch. Da die Geldmenge durch einen Goldstandard an den Preis des Goldes gebunden war, mußte nach dem Abzug amerikanischer Goldreserven Geld eingezogen werden. Damals mußte für das ausgegebene Geld ein Drittel des Wertes in Form von Gold bei der Reichsbank hinterlegt sein. Als der Goldbestand abnahm, wurde deshalb die dreifache Menge Geldes eingezogen, was eine massive Deflation auslöste. Das Volkseinkommen sank von 1928 bis 1932 um 40 Prozent, die privaten Bruttoinvestitionen sogar um 75 Prozent. Die wirtschaftlichen Aussichten verdüsterten sich zunehmend, die Arbeitslosenzahl stieg. In dieser Situation konnte sich die radikale NSDAP von einer kleinen Splitterpartei parallel zur Zahl der Arbeitslosen schließlich schnell zur größten Partei aufschwingen. (Abb. 10)

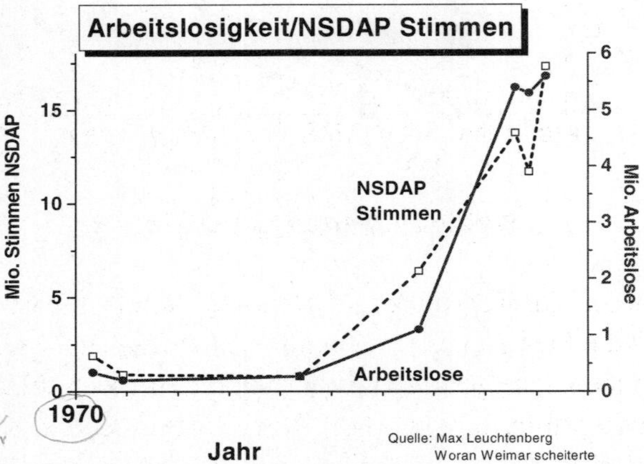


***Abb. 10: Entwicklung der Arbeitslosen/NSDAP-Stimmen in der Deflation.***

Ein gutes Beispiel dafür, daß Kriege mit unserem Zinskapitalismus zusammenhängen, zeigt die Entwicklung der Staatsverschuldung (Abb. 11). Durch den Zins steigert sich die Verschuldung eines Staates, wie schon dargestellt, immer mehr. Jedes Land muß sich dabei immer weiter verschulden, schon allein, damit das durch den Zins verminderte Geldkapital wieder in den Wirtschaftskreislauf gelangt. Da aber mit zunehmender Zeit die Zinslasten immer größer werden, ist der Staat letztlich dazu gezwungen, entweder eine Wirtschaftskrise in Kauf zu nehmen oder durch Eroberungen im Ausland zu versuchen, Kapital für die Bedienung der Schulden zu erbeuten.

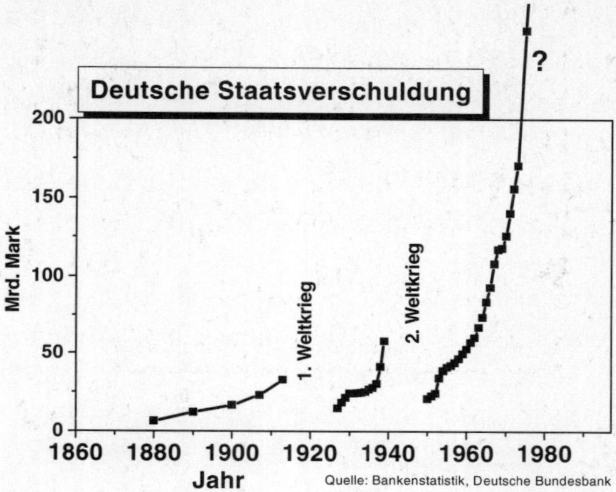


***Abb. 11: Staatsverschuldung***

Um diesen Zusammenbruch soweit wie möglich hinauszuschieben, sind die Staaten gezwungen, ihre Exportrate zu Lasten anderer Nationen zu steigern. Die Exportquote von Deutschland steigt ständig und soll im Jahr 2000 den Rekordwert von über einer Billion D-Mark erreichen.[128] Die anderen Staaten steigern ihre Ausfuhren ebenfalls, womit der Konkurrenzdruck schnell zunimmt. Die internationalen Spannungen steigen deshalb immer weiter an, bis zum bewaffneten Konflikt. So gab es vor dem Ersten und Zweiten Weltkrieg jedesmal eine Explosion der Verschuldung und dementsprechend einen Druck, militärisch zu intervenieren. Dabei verläuft die Entwicklung zwangsläufig: Solange die Wirtschaft schneller wächst als der Kapitalanteil, wenn also der Zinssatz kleiner ist als die Wachstumsrate, sind die Mißstände nur verborgen vorhanden. Sobald jedoch das Wachstum der Ökonomie an Grenzen stößt, beansprucht der Kapitalanteil einen immer größeren Teil des Volksvermögens. Es kommt zur schnellen Vermögensverschiebung durch den Zinseffekt. Die Schwierigkeiten nehmen immer größere Ausmaße an. Schließlich zieht sich das Kapital aus der Wirtschaft zurück, weil die Mindestverzinsung nicht mehr sichergestellt ist. Die entstehende Deflation führt zu großer Not und Unruhen. In einem Krieg wird letztlich das Sachkapital vernichtet, und mit dem Aufbau fängt die Entwicklung von vorne an – bis zum nächsten Krieg.

## Währungsreform 1948 – die gleichen Fehler werden wieder gemacht

Nach dem Zweiten Weltkrieg war die Wirtschaft in Deutschland weitgehend zerstört. Das Geld hatte seinen Wert durch Inflation und Kriegsverwüstung verloren. Deshalb waren die Preise größtenteils staatlich festgelegt. Weil sich die Produktion unter diesen restriktiven Bedingungen nicht lohnte, reduzierte sich das Angebot weiter, und es bildete sich ein Schwarzmarkt mit hohen Preisen. Unter Führung der USA entschlossen sich die Westmächte, im Westsektor eine neue Währung zu begründen, die wieder die Tauschmittelfunktion übernehmen könnte. Erstaunlich war, daß die neuen Geldscheine ab November 1947 nicht in Europa, sondern in den USA gedruckt und vom 11. bis 15. Juni heimlich auf die elf Landeszentralbanken verteilt wurden. Die Aktion verlief weitgehend im geheimen, da erst am Abend des 18. Juni 1948 die Einzelheiten des Geldumtausches bekanntgegeben wurden. Es bestand also keine Möglichkeit für die Sparer, sich auf den Währungsschnitt einzustellen. Ab dem 20. Juni 1948 war die Reichsmark plötzlich ungültig, womit auch alle Schulden des Reiches erloschen. Die Anleger, die ihr Vermögen dem Staat anvertrauten, mußten deshalb kräftige Verluste verbuchen. Hier zeigte sich der Nachteil von Geldforderungen gegenüber Bargeld, da Bargeld deutlich leichter und zu besseren Konditionen umgetauscht werden konnte. Sechzig D-Mark wurden für jeden Einwohner im Austausch von sechzig Reichsmark abgegeben.[129] Fatalerweise hatte auch diesmal niemand aus der Geschichte und damit aus dem Geldwesen gelernt, da es sich gar nicht um eine Währungsreform, also um die Einführung eines wirklich anders funktionierenden Geldes handelte, sondern um einen Währungsschnitt, also den Ersatz des vorher gescheiterten Geldes gegen ein genauso falsch konzipiertes Kapital. Die Folgen dieses Fehlers brauchen dabei immer einige Jahrzehnte, bis sie, wie in unserer heutigen Zeit, sichtbar werden. Aus den Erkenntnissen der Vergangenheit lassen sich heute die gleichen prinzipiellen Abläufe wieder feststellen, die zum Zusammenbruch führten, wie beispielsweise der krankhafte Börsenboom.

## Das Endstadium – die Geschichte wiederholt sich

Prinzipiell wiederholt sich heute der geschichtliche Ablauf eines zerfallenden Zinssystems. Ein sicheres Zeichen für das Endstadium in dem sich unser System befindet, sind die explodierenden Aktienkurse. Im Dezember 1999 waren die Wertpapiere weltweit erstmals mehr wert als die ganze globale Wertschöpfung. Inzwischen dient nur noch ein Prozent des täglichen Devisenumlaufs von 2.000 Milliarden Dollar dazu, um Waren und Dienstleistungen auszutauschen, der Rest ist Spekulationskapital, auf der Suche nach immer größerer Rendite. Entsprechend der Zinseszinsrechnung explodiert die Verschuldung. Der Staat, die Unternehmen und die Privathaushalte haben inzwischen einen Schuldenberg von 10.000 Milliarden Mark aufgetürmt, der in dichten 1.000-DM-Scheinen gepackt eine Höhe von über 1.000 km erreichen würde. Gleichzeitig hat sich das entsprechende Geldvermögen in so wenigen Händen konzentriert, daß knapp 400 Milliardäre weltweit mehr besitzen als das halbe Einkommen der Weltbevölkerung jährlich. Wie bisher immer in der Geschichte, werden sich die Ungleichgewichte in immer kürzeren Zeitabständen aufschaukeln, bis das System zerfällt. Dabei ist jeder Zusammenbruch größer als der vorhergehende. Der kommende Crash wird deshalb bedeutend mehr Unheil stiften, als die große Depression von 1929. Ein Krieg ist dabei sehr schnell denkbar, wenn ein hochgerüstetes Land unter seinen Zinslasten zusammenbricht und keine andere Möglichkeit mehr sieht, als das Waffenpotential zu nutzen. In unserer hochverschuldeten Welt wird es, wie schon in der Vergangenheit, für die Nationen immer schwerer, in einem härter werdenden Wettbewerb die geforderte Rendite zu erwirtschaften. Schon allein dadurch muß das Konfliktpotential ansteigen. Verschlimmert wird die Situation durch einen fatalen Fehler: die Einführung des Euros.

*»Es gibt Parallelen (zur Weltwirtschaftskrise, d.A.) ... Damals gerieten alle Länder der Reihe nach in die Krise, weil sie ihre Währungen, die an den Goldstandard gekoppelt waren, verteidigten. Erst als Großbritannien 1931 – und später auch die USA – die Bindungen ihrer Währung an das Gold aufgaben, kamen die Länder aus der großen Depression heraus. Heute haben wir keinen Goldstandard, aber in vielen Ländern eine Kopplung der Währung an den Dollar – und genau das ist die Parallele.«*

Prof. Jeffrey Sachs[130]

## Der Euro – das Ende von Europa

Die Einheitswährung läßt sich im Prinzip mit dem Goldstandard der dreißiger Jahre des 20. Jahrhunderts vergleichen, der zu einer schnellen Ausbreitung der Wirtschaftskrise aus den USA über die ganze Welt verantwortlich war. Durch die Festlegung von Wechselkursen wurden wirtschaftlich völlig ungleichartige Staaten aneinandergekettet. Kein Land kann mehr seine eigene, ihm angepaßte Geldpolitik betreiben, sondern muß sich den Entscheidungen der Europäischen Notenbank fügen. In der Krise wird es dann unmöglich sein, daß sich ein Land wenigstens teilweise aus dem Sog der Abwärtsspirale heraushält. Auch die EZB selbst stellte schon fest, daß durch die Einführung des Euros die Systemstabilität und die Sicherheit erheblich abgenommen hat. Aus diesem Grund beinhaltet die Einheitswährung eine ganze Menge Sprengkraft, welche die Frage nach Krieg oder Frieden aufwirft.

*»Der Euro wird kommen, aber er wird keinen Bestand haben.«*

Alan Greenspan, Chef der US-Notenbank[131]

# Der Euro – eine Frage von Krieg und Frieden

Die Aussage des ehemaligen Bundeskanzlers Kohl, daß der Euro eine Frage von Frieden und Krieg sei, enthält in diesem Zusammenhang mehr Wahrheitsgehalt, als gemeinhin angenommen. Zwar wollte Kohl damit ausdrücken, daß der Euro den Frieden bringen werde, doch verhält es sich genau andersherum. Eine deutsche Großbank veröffentlichte in einer ihrer Schriften eine interessante Euro-Werbung (siehe S. 116): Über einem Bild aus dem zerbombten Deutschland nach dem Zweiten Weltkrieg mit einer Familie in einer armseligen Bretterbude stand als Überschrift zu lesen: »Der Euro macht vieles möglich.« Man könnte dies so auffassen, als machte der Euro auch neue Kriege und neues Leid möglich, wenn nicht im Text der Werbung die europäische Integration als Ursache für Frieden und Wohlstand herangezogen worden wäre. Der Euro solle dabei nur die »logische Ergänzung zum Europäischen Binnenmarkt« sein und den Bürgern die Umtauschkosten ersparen.

In die gleiche Richtung ging die Aussage des schweizer Bundespräsidenten Moritz Leuenberger, als er Anfang 2001 an den Plänen der schweizer Regierung zum EU-Beitritt festhielt und meinte: »Wenn man die Geschichte betrachtet, ist die Europäische Union ein gigantisches Friedensprojekt.«[132a]

In der Tat beinhaltet die Einheitswährung jedoch eine ganze Menge Konfliktpotential. Ganz abgesehen davon, daß während der Einführungsphase, vor allem wenn sie in eine Zeit wirtschaftlicher Spannungen fällt, einiges schiefgehen kann, wird der Euro auf alle Fälle die zwischenstaatlichen Spannungen in erster Linie langfristig deutlich erhöhen.

## Der Euro macht vieles leichter

Die einheitliche Währung ist somit nur die logische Ergänzung zum Europäischen Binnenmarkt. Der Euro wird Märkte und Investitionen transparenter machen. Er wird es den Unternehmen ermöglichen, ihre Aktivitäten besser zu planen und ihre Produktivitätsvorteile besser zu nutzen.

Der Euro wird auch das Leben der Bürger erleichtern. Wer heute mit 500 Mark in der Tasche durch die ganze Union reist und dieses Geld in jedem Mitgliedsstaat in Landeswährung umtauscht, der kehrt – ohne etwas zu kaufen – mit weniger als der Hälfte zurück.

Nachkriegszeit. Die deutsche Bevölkerung hat sich in den Straßen aus Trümmerholz Behelfswohnungen errichtet

Winston S. Churchill

...In weiten Gebieten Europas starrt eine riesige Menge geschundener, hungriger, sorgenvoller und bestürzter Menschen die Ruinen ihrer Städte und Wohnungen an und sucht den dunklen Horizont nach Zeichen einer neuen Gefahr, einer Tyrannei oder eines neuerlichen Terrors ab...

Es gibt aber ein Heilmittel, das, allenthalben und aus freien Stükken angewandt, wie durch ein Wunder die ganze Szene verwandeln und innerhalb weniger Jahre ganz Europa, oder wenigstens dessen größeren Teil, ebenso frei und glücklich machen könnte, wie es die Schweiz heute ist. Dieses Mittel besteht darin, daß man die europäische Völkerfamilie, oder doch einen möglichst großen Teil davon, wiederaufrichtet und ihr eine Ordnung gibt, unter der sie in Frieden, Sicherheit und Freiheit leben kann. Wir müssen eine Art Vereinigte Staaten von Europa schaffen.

Züricher Rede
vom 19. September 1946

***Bild 2[132]: Macht der Euro den Weg zum Krieg leichter?***

Die Ursache dafür liegt in den Ungleichgewichten, die durch feste Wechselkurse in der Einführungsphase entstehen und später in der eintretenden Kapitalflucht, die sich durch die eingeführte Einheitswährung entwickeln muß. Wie beschrieben, werden vor allem die schwächeren Staaten unter einer deutlichen Kapitalflucht zu leiden haben, mit der Folge, daß diese regelrecht ausbluten und die Wirtschaft dort zusammenbricht, mit der Folge von Massenarbeitslosigkeit. Die dann nötigen Transferleistungen und massiven Wanderungsbewegungen werden auch die stärkeren Staaten, vor allem Deutschland, so weit belasten, daß die gewohnten Umstände sich deutlich verschlechtern. Allein durch die geplante EU-Osterweiterung rechnet das IFO-Institut mit einer Zuwanderung von vier bis fünf Millionen Menschen nach Deutschland. Durch großzügige soziale Leistungen müßten schon heute 4.000 D-Mark mehr für Zuwanderer ausgegeben werden, als sie durch Steuern und Beiträge einzahlen würden.[133] Schon unter normalen Verhältnissen ist deshalb mit einer erheblichen Belastung der öffentlichen Haushalte zu rechnen.

In solch einem Klima kommt es sehr schnell wieder zu Konflikten zwischen den Nationen, die in der Vergangenheit oftmals im Krieg geendet haben. Ein Krieg wurde in amerikanischen Fachkreisen im Bezug auf den Euro schon vor einiger Zeit für möglich gehalten. So erklärte der amerikanische Wirtschaftswissenschaftler Martin Feldstein (Harvard-Universität), daß die Einführung des Euro einen Krieg zwischen Deutschland und Frankreich provozieren könnte. Auch bestehe das Risiko eines bewaffneten Konfliktes zwischen den USA und Europa.[134] Damit würde das Euro-Projekt in einem Blutbad enden, und die Aussage von Bundeskanzler Kohl, daß der Euro eine Frage von Krieg und Frieden sei, müßte sich auf dramatische Weise erfüllen.

Doch kommen zu den Gefahren des Euro-Projektes noch die wachsenden Schulden durch unser Zinssystem, die jedes Land dazu zwingen, die Exporte zu Lasten anderer Staaten auszuweiten. Der Zwang dazu besteht in den schnell wachsenden Zinsforderungen.

Dadurch entsteht international ein ruinöser Wettbewerb, in dem jede Nation versucht, der anderen Marktanteile streitigzumachen, um selbst bessere Möglichkeiten zu erhalten, die Zinslasten zu tragen. Wenn jedoch ein Staat seinen Marktanteil an bestimmten Produkten ausweitet, so kann dies, wenn der Markt an sich nicht größer wird, nur zu Lasten anderer Volkswirtschaften geschehen, die dann zunehmend in die Klemme geraten. Befindet sich ein Staat erst einmal richtig mit dem Rücken zur Wand und meint nichts mehr verlieren zu können, dann steht dem militärischen Einsatz oft nichts mehr im Wege.

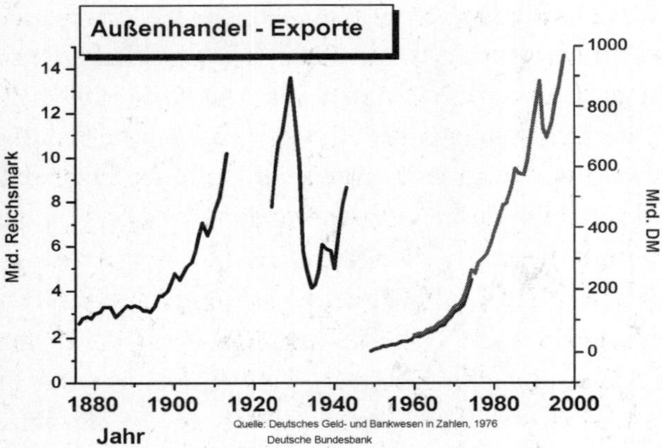


***Abb. 12: Exporte und Krieg.***

Meldungen, wonach beispielsweise Deutschland wieder seine Stellung als Vizeweltmeister im Export ausbauen konnte, sind deshalb alles andere als positiv zu sehen. (Abb. 12)

Zwangsläufig tendiert unser System dabei immer in Richtung Krieg: Durch die gesteigerte Produktivität wird der Markt schnell gesättigt, was auf die Unternehmerrendite drückt. Unterschreitet sie eine gewisse Grenze, dann geht das Kapital zuerst in den spekulativen Sektor, was später zu einem Börsenkrach führen muß. Durch die entstandene Unsicherheit auf dem Markt, zieht sich dann das Kapital ganz aus dem Markt zurück, und es kommt zu einer deflationären Abwärtsspirale aus Unternehmenszusammenbrüchen, Massenarbeitslosigkeit, sinkender Kaufkraft, Bankenzusammenbrüchen, Unruhen und Gewalt. Ein Krieg zerstört dabei wieder das geschaffene Realkapital, die Rendite steigt und das System beginnt von neuem.

Der Euro verschärft hier die Situation noch weiter, weil er den Staaten innerhalb Europas die Möglichkeit nimmt, durch Abwertungen die Exportquote auf dem Weltmarkt zu stabilisieren und damit Ungleichgewichte abzubauen. Auch sonst ist dem einzelnen Land jede Gelegenheit verwehrt, beispielsweise einer neuen Wirtschaftskrise mit individueller Geldpolitik gegenzusteuern. Schnell kommen in einer solchen Situation wieder die alten Feindbilder zutage, besonders wenn der Bevölkerung noch hohe Opfer durch Vermögensverlust und Transferlasten aufgebürdet werden.

Man muß den Euro auch immer im Gesamtzusammenhang mit unserem auf einen Endpunkt zulaufenden Finanzsystem sehen. Die Euro-Einführung wird schon allein deshalb in Frage gestellt, weil wir uns, wie beschrieben, bereits in der Endphase unserer Systementwicklung befinden. Aus dieser Entwicklung lassen sich einige konkrete Bedrohungen erkennen, die im Moment der Euro-Einführung wirksam werden könnten. Hier ist es interessant, sich einmal verschiedene Szenarien vorzustellen, wie die endgültige Einführung des Euros ablaufen kann und wie die Zeit vorher und nachher aussehen wird. Aus diesen Erkenntnissen kann dann ein Maßnahmenplan zur Vermögenssicherung erarbeitet werden.

## Gefahren zur Euro-Einführung

Am 1.1.1999 wurde mit großem Pomp die Begründung des Euros als Verrechnungseinheit gefeiert. Die Bundesregierung, EU-Kommissionspräsident Jacques Santer, der österreichische Finanzminister und scheidende EU-Ratsvorsitzende Rudolf Edlinger sowie der Präsident der Europäischen Zentralbank (EZB), Wim Duisenberg, sprachen von einem historischen Augenblick. Der EU-Ratsvorsitzende meinte, es werde ein Jahrhundertprojekt der europäischen Integrationsgeschichte werden, und die wirtschaftliche wie politische Bedeutung der Euro-Zone werde mit dem Dollarraum vergleichbar werden. Duisenberg erklärte sogar, daß der Euro zum Symbol für die Vereinigung der europäischen Völker werde. Bundeswirtschaftsminister Werner Müller meinte, daß die Menschen es wissen sollten, daß der Euro genauso stabil sein werde wie die D-Mark, aber viel bequemer.[135]

Aus den Versprechungen ist wenig geworden: Überweisungen im Euro-Raum sind nach wie vor immens teuer, und von Stabilität konnte angesichts der deutlichen Wechselkursverluste auch keine Rede sein. Angesichts dieser Falschaussagen sind für den letzten Schritt, die endgültige Beseitigung der nationalen Zahlungsmittel, ernste Zweifel angebracht. Allgemein werden heute die Gefahren verdrängt, die für die Zeit der Einführung des Euros drohen. Obwohl die Experten behaupten, daß dieser Prozeß problemlos ablaufen werde, sind starke Zweifel angebracht.

Schon einmal lagen diese Leute voll daneben, als es um die Einschätzung der Wechselkursentwicklung des nun begründeten Euro-Buchgeldes ging.

*»Nicht nur private Kleinanleger, auch Profis sind nicht davor gefeit, in die Fallen ihrer eigenen Psyche zu tappen. Auch sie unterliegen der Neigung, sich selbst immer wieder bestätigen zu wollen. Einmal getroffene Entscheidungen suchen sie deswegen tendenziell zu untermauern. Analysten verdrängen genau wie das Heer der Anleger neue Informationen, die Prognoseänderungen zur Folge hätten. Genau dieses Phänomen war nach Goldberg der entscheidende Grund für die hartnäckigen Fehleinschätzungen den Euro betreffend. Statt die Hinweise für eine Euro-Schwäche ernst zu nehmen, hätten*

*die meisten Analysten nur nach Argumenten gesucht, die ihre früheren Meinungen bestätigt hätten.«*

Süddeutsche Zeitung, 1.9.2000

## Der verfallende Euro

Zum Zeitpunkt, als der Euro am 1.1.1999 zur Verrechnungseinheit erklärt wurde, bekam man für gut 1,60 D-Mark einen US-Dollar. Der Wechselkurs des Euros und damit der D-Mark sank jedoch kontinuierlich und im Herbst 2000 mußte man bald 2,40 D-Mark für einen US-Dollar aufbringen. Ähnlich erfolgte der Verfall gegenüber vielen internationalen Währungen wie dem japanischen Yen, dem britischen Pfund oder später auch dem Schweizer Franken. (Abb. 13)

Bald schon waren die Experten ratlos und suchten nach immer abwegigeren Erklärungen für den Wechselkursverfall. Einmal sollten es Äußerungen des deutschen Finanzministers, dann wieder unentschlossene Reden des EZB-Präsidenten Duisenberg sein,

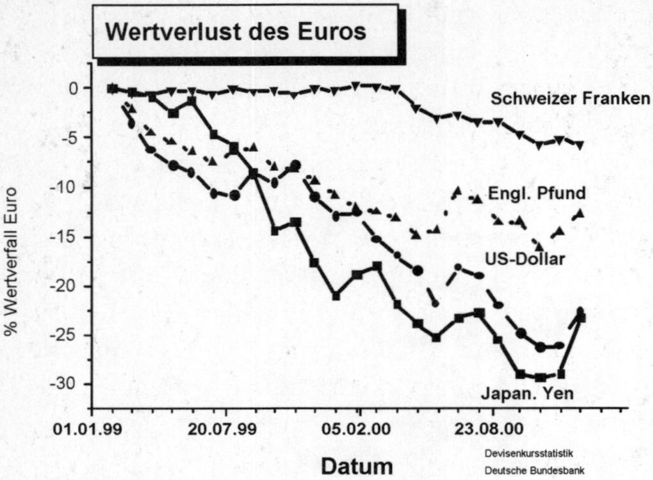


***Abb. 13: Wechselkurs des Euros zum Dollar.***

welche die Einheitswährung unter Druck setzten. Eine ganze Reihe von Theorien wurde aufgestellt, um das nicht erwartete Phänomen zu erklären.

Eine Theorie behauptete, daß sich Europa mit seinen Reformen von Arbeitsmarkt, Steuer- und Sozialsystem im Rückstand befinde, was die Devisenhändler mit einem Abschlag bestrafen würden. Verwiesen wurde dabei auf die Aussagen einzelner Politiker. Jedoch versuchte der damalige Bundesfinanzminister Oskar Lafontaine Anfang 1999 die EZB noch mehr zu beeinflussen, wobei der Euro über 1,10 Dollar lag, also wesentlich höher als etwa Mitte 2000, als die Politiker keinerlei Angriffe auf die EZB führten. Eine weitere Erklärung wurde mit Hilfe der unterschiedlichen Wachstumsraten in Europa und den USA versucht. Jedoch war Anfang 1999 die Wachstumsdifferenz zwischen Europa und den USA noch ausgeprägter als etwa Ende 2000, ohne einen Einfluß auf den Kurs zu haben. Auch Japan ist für diese Theorie ein Gegenbeweis, da dort die Wirtschaft im ersten Quartal 2000 nur um 0,7 Prozent wuchs, während der Euro zum Yen immer schwächer wurde. Praktisch ist hier für die Experten die Psychologie-Theorie, da sie nicht von handfesten Fakten untermauert sein muß und einfach behauptet, daß der Euro nur deshalb schwach sei, weil alle dies eben glauben. Die Devisenhändler würden nur noch selektiv die Nachrichten hören, die eine weitere Abwertung verlangten, und Äußerungen von Politikern würden übergewichtet.[136] Im Herbst 2000 hieß es sogar einmal, daß eine Bemerkung von Bundeskanzler Schröder, der die damalige niedrige Euro-Notierung als »nicht besorgniserregend« bezeichnete, den Kurs noch weiter nach unten drückte.[137] Man suchte damit offensichtlich nach allen möglichen Argumenten, um die Entwicklung erklären zu können, auch wenn sie noch so abwegig waren.

Teilweise wurden sogar Theorien vertreten, die ökonomisch abstrus waren. So wurde einmal behauptet, daß eine kräftige Lokkerung der Geldpolitik, also sinkende Zinsen, in den USA vielen Analysten zufolge den Euro wieder schwächen würde.[138] Dies würde der sonst geäußerten Annahme widersprechen, daß eine Zinssenkung in den USA gerade den Dollar schwächen müßte. Die Experten drehen sich scheinbar ihre Erklärungen immer so zurecht, wie sie gerade benötigt werden, ohne eine einfache schlüssige Logik bieten zu können. Als Ergebnis dieser mißglückten Erklärungsversuche läßt sich festhalten, daß die Experten für den unerwarteten Euro-Verfall gar keine plausible Erklärung zu bieten hatten. EZB-Präsident Duisenberg mußte sogar eingestehen, daß die Währungshüter von der Entwicklung verwirrt seien.[139]

## Die EZB unter Druck

Im Herbst 2000 beschleunigte sich der Euroverfall drastisch. Angesichts der desolaten Situation wurde erstmals von Alfred Broaddus, einem ranghohen Mitglied einer Notenbank, öffentlich die Frage aufgeworfen, ob die junge Währung überleben werde.[140]

Zunehmend wurden in dieser Lage auch die Analysten und Experten von der Angst betroffen, und der Wall-Street-Guru Byron

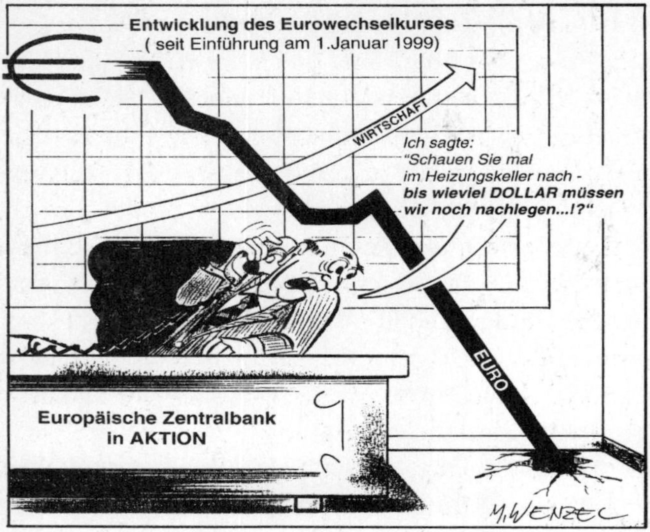


Wien sagte für das Jahr 2001 voraus, daß der Euro auf 75 Cent fallen werde, was zu Unruhen in Deutschland führen müsse.[141]

Von allen Seiten kamen in dieser Lage Forderungen auf die Europäische Zentralbank zu, den Euro künstlich durch Interventionen zu stützen. Auch der Spekulant George Soros erklärte, daß der fortgesetzte Kursverfall des Euro an den internationalen Devisenmärkten nur durch eine Intervention der Zentralbanken umgekehrt werden könne. Weiter warnte er, daß ein Euro-Kurs von weit unter 90 Cents möglicherweise negative politische Konsequenzen hätte.[142] Gerade das machte jedoch die meisten Zentralbanker stutzig, da Soros bereits 1992 den ECU durch Spekulation gesprengt hatte und befürchtet wurde, er wolle wieder schnelles Geld verdienen.[143]

Eine Reihe von Volkswirten forderte die EZB ebenfalls zum Verkauf von Dollar-Reserven auf, und auch EZB-Präsident Wim Duisenberg mußte vor dem europäischen Parlament die Schwäche der Gemeinschaftswährung erneut als besorgniserregend bezeichnen. EU-Kommissionschef Romano Prodi trat gleichzeitig für Interventionen der Notenbanken Europas, der USA und Japans zu

Gunsten des Euros ein. Ebenfalls forderten der Chefvolkswirt der Deutschen Bank, Norbert Walter, und der ehemalige Chef der Wirtschaftsweisen, Herbert Hax, einen Verkauf der Währungsreserven.[144] In der Tat sind Devisenreserven unsinnig, da bei einem flexiblen Wechselkurs dieser in keinster Weise »verteidigt« zu werden braucht. Doch statt den Euro abzusagen und endlich selbstregulierende freie Wechselkurse einzuführen, gab die EZB dem Druck nach und versuchte durch mehrere halbherzige Stützungsaktionen, die Lage des verfallenden Euros zu bessern. Doch richteten sie nur kurzfristig etwas aus, worauf die Einheitswährung schnell wieder neue Rekordtiefs ansteuerte. Wie unsinnig solche Handlungen und die dahinterstehenden hohen, teuren Devisenreserven sind, zeigte sich, als bekannt wurde, daß eine amerikanische Großbank die Aktion zur eigenen Bereicherung nutzte:

Schon einige Stunden vor den eigentlichen Stützungskäufen soll die Maßnahme bekannt gewesen sein. Die Citibank soll schon vor der Stützung begonnen haben, in großem Umfang Euro zu kaufen. Die anschließenden Verkäufe dieser Großbank seien der Grund dafür gewesen, daß der Euro im Zuge der Intervention nur kurz angestiegen und dann wieder abgefallen sei. Vermutet wurde, daß Hedgefonds und die Citibank in Zusammenarbeit mit dem US-Finanzminister Robert Rubin, der damals Co-Chairman der Citigroup war, Währungsgewinne auf Kosten der EZB einstrichen.[145] (Hedgefonds sind Fonds, die durch Ausnutzen von Preis- oder Währungs-Ungleichgewichten spekulative Geschäfte treiben.) Die Einheitswährung und die dahinterstehende Währungspolitik lädt also schon vor der endgültigen Einführung des Euros zu Manipulation und Spekulation ein. Was soll dann erst sein, wenn die nationalen Währungen ganz beseitigt sind?

## Manipulation – der wahre Grund

Doch wo ist nun der wahre Grund für den Euro-Verfall zu sehen? Daß es keine fundamentalen ökonomischen Gründe sein konnten, wurde schnell deutlich, als beispielsweise immer neue Rekord-Leistungsbilanzdefizite der USA bekannt wurden und der Euro entgegen allen Gesetzmäßigkeiten weiter abfiel.[146]

Die wirkliche Ursache für den starken Rückgang des Wechselkurses ist weniger im Euro selbst zu sehen, da dieses »Geld« bis zur endgültigen Einführung nur als Kunstwährung, wie vormals der ECU, funktioniert – es demnach den Euro bis dahin als richtiges Geld gar nicht gibt. Der starke Anstieg vor allem des US-Dollars hat weder etwas mit Zins- oder Wachstumsdifferenzen, noch mit Psychologie oder Äußerungen von Politikern zu tun, sondern beruht wahrscheinlich allein auf Manipulation – der Dollar wurde so stark, weil es so gewünscht war, um einen Zusammenbruch unseres Systems aufzuschieben. Wie wir im vorherigen Kapitel sehen konnten, entspricht unsere auf einem explodierenden Zinseszinsmechanismus aufgebaute Finanzwelt einem »Schneeballsystem«, also einem System, das auf einen zwangsläufigen Zusammenbruch hinausläuft. Dabei entwickelt dieser Zinskapitalismus mit zunehmender Zeit immer größere Ungleichgewichte, die nur noch künstlich am Zerfall gehindert werden können. Einen Ausdruck finden diese Störungen im amerikanischen Handelsbilanzdefizit und im überbewerteten Aktienniveau. Eine wichtige Rolle spielt dabei der Dollarkurs, wie im nächsten Kapitel noch näher erläutert werden soll.

An dieser Stelle sei nur bereits soviel gesagt, daß die offiziellen Institutionen kein Interesse an einem schwächeren Dollar haben können, was auch an einer Aussage des amerikanischen Ökonomen Paul Krugman deutlich wird, als er meinte, daß es keinen Grund für die Amerikaner gebe, sich an der Bekämpfung eines schwachen Euro zu beteiligen. Denn das hieße umgekehrt, sich für einen schwachen Dollar einzusetzen. Weiter sagte er, daß es ein Argument, warum die Amerikaner jetzt ein politisches Interesse an einem schwächeren Dollar haben sollten, scheinbar nicht gebe. Zwar sieht er die Gefahr, daß sich die Verhältnisse drehen könnten, daß also der Dollar einmal verfallen könnte, doch politisch tauge dieses Argument wenig, da die Politiker von heute sich zu allerletzt um die Probleme ihrer Nachfolger sorgten.[147] Auch der neue US-Finanzminister O'Neill bestätigte indirekt, daß scheinbar alle an einem hohen Dollarkurs interessiert sind. Er erklärte, daß keine Änderung der Politik des starken Dollars und gemeinsamer Wechselkursinterventionen vorgesehen sei.[148] Das würde bedeuten, daß die offiziellen Institutionen schon seit langem alles tun, um den Dollar weiter nach oben zu treiben. Daß es dabei darum geht, das System vor dem Zusammenbruch zu bewahren, wurde vor allem im Herbst 1998 deutlich: Damals befand sich unser System kurz vor dem Zusammenbruch, als Rußland im Sommer 1999 zahlungsunfähig geworden war, weil der feste Wechselkurs des Rubels zum US-Dollar zusammenbrach und damit die Auslandsschulden massiv aufgewertet wurden. In der Folge wurde ein großer Hedegefond in den USA bankrott, und es entstand die Gefahr, daß weltweit Banken, die direkt oder indirekt an dem Fond beteiligt waren, in Schwierigkeiten kommen könnten. Schnell begann der US-Dollar zu fallen, und es setzte die erste Welle einer Kapitalflucht aus den USA ein – das System stand vor der »Kernschmelze«, wie der Spekulant George Soros später sagte. Hier entschlossen sich eine Reihe von Notenbanken dazu, den US-Dollar künstlich durch massive Interventionen zu stützen, als er schließlich die Marke von 1,60 DM/$ unterschritt. Seit jenem Tag wurde alles unternommen, um den US-Dollar weiter nach oben zu bringen. Trotz aller »Besorgnis um den Euro« wollen die Verantwortlichen zuletzt einen steigenden Euro und damit fallenden Dollar, da jedem klar ist, daß dann das Ende unseres hochspekulierten Finanzsystems gekommen ist.

Daß die Verantwortlichen tatsächlich nichts mehr fürchten als einen Euro-Anstieg und damit einen Dollar-Abfall, wird auch an einem Beitrag von Jürgen Pfister, Leiter Volkswirtschaft bei der Commerzbank, deutlich, der die Gefahr eines Dollar-Crashs erkennt. Der Euro ist nach seiner Einschätzung fundamental gesund, der Dollar hingegen nicht. Ausdrücklich weist er auf die Achillesferse des Dollars hin, die in dem gigantischen Leistungsbilanzdefizit der USA zu sehen sei. Selbst die Vereinigten Staaten könnten auf Dauer nicht in diesem Maße über ihre Verhältnisse leben, also mehr Güter absorbieren als produzieren bzw. sich in der Welt verschulden. Pfister meinte weiter, daß er mittelfristig eher die Gefahr eines Dollar-Crash als die eines Euro-Crash sehe. Das Problem liege nicht beim Euro, sondern beim Dollar.[149]

Um die Vorgänge im Wechselkursniveau des Euros voll zu verstehen, ist es nötig, sich mit zwei großen Ungleichgewichten auf der Welt vertraut zu machen, wie den überbewerteten Aktienmärkten und dem schnell wachsenden Handelsbilanzdefizit in den USA.

*»Jetzt beschleunigt sich die Entwicklung in schwindelerregender Weise. 1998 durchbrach das USA-Leistungsbilanzdefizit 200 Milliarden Dollar, 1999 überstieg es 300 Milliarden, im Jahr 2000 wird es 400 Milliarden erreichen. Ähnlich rasant schnellt die Nettoverschuldung gegenüber dem Ausland in die Höhe: über zwei Billionen Dollar im Jahr 1998, über drei Billionen zwei Jahre später. ... Gerät der Zufluß von Auslandskapital in die USA ins Stocken, könnten sich die Entwicklungen überschlagen: Der Dollar fällt, die US-Zinsen steigen und drücken Wirtschaftswachstum und Börsenkurse, eine Spirale nach unten kommt in Gang und kann sich mit der von den inneren Ungleichgewichten angestoßenen Spiralbewegung vereinen. ... und je länger der Boom weitergeht, um so steiler könnte der Absturz werden.«*

Die Zeit, 5.1.2000

## Amerikas Handelsbilanzdefizit

Ein Handelsbilanzdefizit bedeutet, daß ein Land mehr Güter importiert als es exportieren kann. Um die Importquote trotzdem aufrecht erhalten zu können, muß sich dieses Land im Ausland verschulden, es finanziert also seine Wareneinfuhr mit Krediten.

Die USA finanzieren den Großteil ihres scheinbaren »Aufschwungs« durch Schulden, mit denen Waren aus dem Ausland eingeführt werden. Die gesamte Wirtschaft in Amerika hängt inzwischen völlig vom steigenden Konsum der Bevölkerung ab, da andernfalls die Umsätze einbrechen und es zu einem Crash kommt. Die einzige Möglichkeit, den Zusammenbruch in die Zukunft zu verschieben, besteht also darin, sich im Ausland zunehmend zu verschulden und damit den steigenden Konsum im Land zu finanzieren, der wiederum die Aktienkurse weiterklettern läßt. Dies erweckt in der Bevölkerung den Eindruck, daß es sich in Amerika tatsächlich um ein echtes Wachstum handele, und viele Ausländer sind im Gegenzug bereit, der amerikanischen Volkswirtschaft ihr Geld zur Verfügung zu stellen. Allein 1999 stieg das Defizit gegenüber dem Vorjahr um fast 54 Prozent auf 339 Milliarden Dollar, was bereits 3,7 Prozent des Bruttosozialproduktes ausmachte.

Wie im Kapitel über Wechselkurse gezeigt, müßte die Lücke zwischen Aus- und Einfuhren durch eine Abwertung des Dollars verkleinert werden. Dadurch würden sich die Importe für Amerika verteuern, während die amerikanische Ausfuhr für Ausländer günstiger wäre. Ein Rückgang des Dollar müßte also im freien Markt jedes Handelsbilanzdefizit automatisch beseitigen. Merryll Lynch veröffentlichte 1999 eine Studie, wonach der Dollar um 40 bis 45 Prozent abgewertet werden müßte, um das Leistungsbilanzdefizit bis zum Jahr 2003 auszugleichen.[150] Dabei war damals das Defizit wesentlich kleiner als heute und der Dollar viel niedriger bewertet – die Überbewertung des Dollars ist also heute noch viel höher.

Sogar der Internationale Währungsfond (IWF) hat das Leistungbilanzdefizt der USA als Auslöser einer Weltwirtschaftskrise angeprangert: Vor neuen größeren Finanzkrisen in den aufstrebenden Volkswirtschaften hat Michael Mussa, Chefökonom des IWF gewarnt. Die Verwerfungen könnten seiner Ansicht nach kurzfristig auftreten und durch externe Schocks aus den Industrieländern verursacht werden. Vor allem die großen Handelsbilanzdefizite in der Welt, in erster Linie das amerikanische, könnten bei einer Korrektur der großen Ungleichgewichte zu einer ernsten Finanzkrise führen. Verbunden mit einem Aktiencrash könnte dies die aufstrebenden Länder deutlich treffen.[151]

Normalerweise müßte ein Handelsbilanzdefizit zu einer Abwertung des Dollars und damit Korrektur der Differenz führen. Da eine Abwertung durch die freien Marktkräfte jedoch nicht geschieht, muß Marktmanipulation vorliegen, durch die der Dollar künstlich auf einem hohen Niveau gehalten wird. Sogar Währungsexperten können sich den ständigen Aufwärtstrend des Dollars nicht mehr erklären, der trotz Leistungsbilanzdefizit und sinkender Zinsabstände zwischen Amerika und Europa weiter anhält.[152] Bei einem steigenden Dollar wird wiederum, in Erwartung weiter steigender Kurse, noch mehr Kapital nach Amerika transferiert. Das gesamte Vermögen des Auslands, das 1999 in die USA floß, stieg um 751 Milliarden Dollar, verglichen mit einem Anstieg von 503 Milliarden Dollar im Vorjahr. Doch mit diesen künstlich aufgebauten Ungleichgewichten wachsen auch die Risiken.

Auch der Chef der Chicagoer Federal Reserve Moscow mußte einräumen, daß das Leistungsbilanzdefizit beispiellos sei und bei mehr als vier Prozent des Bruttoinlandproduktes (BIP) liege. Er meinte, daß es mit Sicherheit eine Grenze für die Höhe der weltweiten Spareinlagen gebe, welche die amerikanische Wirtschaft beanspruchen könne. Er stellte die Frage, was wohl geschehe, wenn die erwarteten Gewinne aus US-Investitionen wieder auf ein normales Maß sinken würden und Ausländer nicht länger bereit wären, das Leistungsbilanzdefizit auf dem derzeitigen Niveau zu finanzieren. Nach IWF-Angaben haben ausländische Forderungen bei US-Wertpapieren bereits im Herbst 2000 die Höhe von 6.500 Milliarden Dollar erreicht.[153]

Daß den Verantwortlichen der Ernst der Lage durchaus bewußt ist, wird auch an der Äußerung des New Yorker Notenbankchefs William McDonough deutlich, als er sich besorgt über das wachsende Außenhandelsbilanzdefizit der USA von 4,2 Prozent des Bruttoinlandsprodukts zu Wort meldete. Fälschlicherweise machte er jedoch eine Einschränkung: Sollten die Leute das Vertrauen in den Dollar verlieren, gebe es keine andere Investitionsmöglichkeit mehr. Und daraus schlußfolgerte er, daß ein merklicher Kursverlust der US-Währung deshalb wenig wahrscheinlich sei und eine stabile Lage der Weltwirtschaft sich daraus ableite.[154]

Dies ist jedoch ein großer Trugschluß: Wenn sich weltweit keine Investitionsmöglichkeiten mehr für das Kapital ergeben, dann zieht es sich schlichtweg vom Geldkreislauf zurück – es kommt in der Folge zur Deflation und damit zu einer neuen, massiven Weltwirtschaftskrise. Der Dollarkurs spielt also hier eine entscheidende Rolle, wann das System zu kippen beginnt. In diesem Zusammenhang übernimmt auch der überbewertete Aktienmarkt eine Schlüsselfunktion.

## Überbewerteter Aktienmarkt

Über Jahre hinaus wurde der Aktienmarkt nach oben getrieben. Schnell waren einige Unternehmen mehr wert als die ganze Wertschöpfung großer Staaten. So entsprach beispielsweise der Wert der Softwarefirma *Cisco* Anfang 2000 dem Bruttoinlandsprodukt von Rußland in Höhe von 593 Milliarden Dollar. Dagegen rutschen die alten Börsentitel in der Rangliste immer weiter ab: Verglichen mit dem größten Automobilhersteller, General Motors, der mit 177 Milliarden Dollar die höchsten Umsätze eines Industrieunternehmens erzielte, wurde *Cisco* bei Umsätzen von nur zwölf Milliarden Dollar etwa elf Mal so hoch bewertet.[155] Vor allem wurden Unternehmen hoch bewertet, die keine Gewinne einfuhren. Man begründete dies mit erwarteten Erträgen in der Zukunft, die durch den technologischen Wandel entstehen sollen. Doch zunehmend kamen die Experten in Erklärungsnotstände, als sie die Kursexplosion begründen sollen. Und zunehmend wurde an der Börse eine Spekulationsblase aufgebaut.

Die Börsen weltweit orientierten sich dabei in erster Linie an der Entwicklung in den USA. Die amerikanische Spekulationseuphorie wiederum nährte sich aus einem durch Schulden finanzierten scheinbaren Aufschwung. Diese Schuldenfinanzierung ist allerdings nur so lange möglich, wie durch den steigenden Dollarkurs auch vermehrt Kapital in das Land gelockt werden kann.

Kaum beachtet wurde, daß die Aktienindizes nur von wenigen Einzelwerten überhaupt nach oben getrieben wurden, daß also die sogenannte »Marktbreite« sehr klein war. So wurde der deutsche Aktienindex DAX vor allem durch die Telekom, Siemens, SAP und Mannesmann seit 1999 um 55 Prozent gesteigert. Ohne diese Werte hätte der Zuwachs gerade sieben Prozent betragen.[156] Dies bedeutet jedoch im Umkehrschluß, daß der Einbruch eines dieser Werte ausreicht, den gesamten Index nach unten fallen zu lassen. Um einen Crash auszulösen, müßte also nur ein tragendes Unternehmen, wie beispielsweise die hoffnungslos überschuldete Telekom AG, zahlungsunfähig werden, um den Aktienindex zusammenbrechen zu lassen. Da sich jedoch die meisten Anleger an den Indizes orientieren, werden dann auch andere Aktien wahllos abgestoßen.

Doch die Gefahr geht in erster Linie von Amerika aus: In Erwartung steigender Aktienkurse verschulden sich die Amerikaner. Nach einem Kursrückgang an der Wall Street könnte eine Abwärtsspirale in Gang gesetzt werden. Die Aktienwerte verfallen, weshalb die Einwohner weniger ausgeben können. Damit kommen die Unternehmensgewinne unter Druck, was die Aktienkurse weiter zurückgehen läßt. Die HSBC-Bank meinte, daß schon ein Kursverlust von 25 Prozent genüge, um »eine brutale Verbraucher-Rezession auszulösen«.[157] Dabei verstärkt sich die Verkaufswelle von selbst: Weil Aktien verkauft werden, kommen die Kurse unter Druck, weil die Kurse fallen, werden noch mehr Anleger mißtrauisch und stoßen ihre Wertpapiere ab, so daß das Kursniveau ständig sinkt. Der Präsident der Deutschen Bundesbank Welteke meinte dazu: »Ja, Millionen amerikanischer Haushalte sind hoch verschuldet. Die Sorge ist nun, daß diese Haushalte bei einer kräftigeren Zinserhöhung ihre Kreditzinsen nicht mehr bezahlen können und dann ihre Aktien veräußern müssen. Dann fallen die Kurse, und viele Amerikaner werden feststellen müssen, daß ihre Altersvorsorge doch nicht so gut ist. In der Folge schränken sie ihren Konsum ein, am Ende kollabiert die US-Konjunktur. Das könnte natürlich auch Auswirkungen auf Deutschland haben.« [158] Inzwischen warnen sogar die Experten der Bundesbank vor einem Kurseinbruch an der Wall Street. Ein Aktiencrash an den internationalen Börsen wäre nach Einschätzung der Deutschen Bundesbank eine ernstzunehmende Gefahr für die Weltkonjunktur. An erster Stelle der Risiken sieht die Bundesbank die sehr hohen Aktienkurse in den Industrieländern. »Insbesondere in den USA hätte ein markanter Kurseinbruch angesichts der relativ starken Vermögensabhängigkeit der privaten Inlandsnachfrage erhebliche negative Auswirkungen auf die gesamtwirtschaftliche Entwicklung.«[159] Der Konsum in den USA wird beim Aktiencrash vor allem deshalb stark einbrechen, weil in den letzten Jahren die Ersparnisse der Bevölkerung aufgelöst wurden, um in Erwartung weiter steigender Kurse an der Börse, Aktien zu kaufen. Die Sparquote ist auf fast minus fünf Prozent gesunken. Verlieren die Papiere an Wert, so sind die Leute zur Einschränkung des Konsums gezwungen. Besonders verschärft wird die Situation durch ein schnell wachsendes Volumen von Aktienkrediten. Das Geld, mit dem die Amerikaner Aktien kaufen, ist zu einem so hohen Anteil auf Schuldenbasis finanziert wie seit 25 Jahren nicht mehr. Allein im Januar 2000 sind die Aktienkredite im Vergleich zum Vormonat um 6,55 Prozent auf 243,5 Milliarden Dollar gestiegen. Die Schulden übertrafen damit den Wert vom September 1987, vor dem Aktiencrash, als der Dow-Jones um 23 Prozent abstürzte.[160]

In den USA müssen Aktienkredite mindestens durch den doppelten Betrag des momentanen Aktienwertes abgedeckt sein, sonst droht der Zwangsverkauf. In Deutschland muß bei manchen Banken sogar der Aktienwert den dreifachen Betrag des Kredites ausmachen. Wenn es nun zu einem Börsencrash kommt, sinkt der Wert des Aktiendepots und die Bank verkauft die Wertpapiere ohne

Zustimmung des Depotinhabers, um die Kreditdeckung aufrechtzuerhalten. Durch diesen Effekt kommt es zu einer nochmaligen Verkaufswelle an der Börse und der Crash wird verschärft. Genauso müssen Fonds im Crash Wertpapiere abstoßen, da der Anteil von liquiden Mitteln amerikanischer Fonds 1999 auf 4,9 Prozent des gesamten angelegten Kapitals zurückgefallen ist. Wenn die Kurse zurückgehen und Anleger mehr Fondzertifikate abstoßen, müßten die Fonds ebenfalls Wertpapiere massiv verkaufen, was die Abwärtsbewegung an der Börse noch verstärken würde.[161]

Der Fondmanager Roland Leuschel warnt ebenfalls schon seit langer Zeit vor einem Crash und weist darauf hin, daß sich allein 1999 die Aktienkredite verdoppelt hätten. Davon würde ein Drittel nur für Käufe auf dem weit überbewerteten Technologiesektor verwendet. Weitere Kennzeichen einer Überbewertung sieht er darin, daß inzwischen Leute Aktien kaufen, die gar nichts von den Unternehmen wüßten.[162]

Der Börsencrash in einem wichtigen Industrieland verbreitet sich dann schnell um die Welt und die Bewertungen der Aktien gehen auf das eigentlich realistische Niveau von höchstens zehn Prozent der heutigen Kurse zurück. Da sich durch solch einen Crash jedoch eine große Unsicherheit in der Wirtschaft ausbreitet und allgemein Wertpapiere mit einer Risikoprämie belastet werden, steigen die Zinsen. Steigende Zinsen wiederum führen einmal zu weiteren Verlusten auf dem Aktienmarkt und zu sinkenden Kursen bei Anleihen. So wird der nächste Crash eine Kombination aus Aktien- und Anleihenzusammenbruch. Am Ende werden alle Anlageformen gemieden – das Geld wird nicht mehr investiert, sondern gehortet – eine Deflation entsteht. Mit dem Dollarverfall wird durch die internationale Verkettung automatisch auch eine Weltkrise verbunden sein.

*»Solange die internationalen Kapitalgeber glauben, daß Greenspan die Wirtschaft aus diesem Dilemma führen wird, kann der US-Wirtschaft nicht wirklich etwas passieren. Wenn die Kapitalgeber aber Vertrauen verlieren und ihr Geld abziehen sollten, dann wird es sich rächen, daß die Amerikaner mit einem Rekordhandelsbilanzdefizit von 34,3 Milliarden Dollar so lange auf Kosten anderer gelebt haben. Dann vielleicht gibt es wirklich eine harte Landung.«*

Süddeutsche Zeitung[163]

## Mit dem Dollarverfall zur Weltkrise

Tatsächlich befinden sich die USA in einem Dilemma: Durch einen hohen Dollarkurs steigt das Leistungsbilanzdefizit immer weiter an, die Auslandsverschuldung explodiert. Sobald jedoch der Dollar fallen würde, müßte sofort eine panikartige Kapitalflucht einsetzen, der die US-Wirtschaft ruinieren würde. Also versucht man durch einen künstlich hohen Dollarkurs, das Kapital in Amerika zu halten. Immer wenn es an der Börse unsicher wird, geht dann plötzlich der Dollar unerklärlicherweise nach oben. So drohte im März 2001 wieder ein Crash an der Wall Street, und plötzlich stieg der Dollar um 4 Pfennige, obwohl die Devisenhändler mit einem fallenden Kurs gerechnet hatten.[163a] Die Gefahr besteht darin, daß, wenn Investitionen in den USA wegen anhaltender Kursverluste nicht mehr genügend attraktiv erscheinen, die ausländischen Gelder schnell wieder abgezogen werden. Doch damit wäre die Finanzierung des Leistungsbilanzdefizites nicht mehr sichergestellt. Die Importe würden sinken und die Amerikaner müßten den Konsum einschränken, was über eine deflationäre Abwärtsspirale eine Depression verursachen würde.[164] Dies hätte wieder gravierende Auswirkungen auf die ganze Welt. So würden in Europa, speziell in Deutschland, die Exporte zusammenbrechen, weil die Güter, in Dollar berechnet, für das Ausland teurer werden. Da jedoch die Konjunktur in Europa nur durch starke Ausfuhren überhaupt gehalten werden kann, würde es auch hier zu einer Rezession kommen. Japan müßte ebenfalls kollabieren, da dieses Land noch mehr auf Exporte angewiesen ist. Mit Japan aber müßte auch ganz Asien wegbrechen. Es käme zur beschriebenen deflationären Abwärtsspirale. Außerdem wurden in den neunziger Jahren des 20. Jahrhunderts große Volumen japanischen Geldes in den USA angelegt. Wenn nun der Dollar sinkt, sind japanische Anleger zunehmend dazu gezwungen, ihre Depots aufzulösen, um bei einem weiteren Verfall einen Wechselkursverlust möglichst zu verhindern. Mit dem Rückzug von Kapital kommt jedoch der Dollar zusätzlich unter Druck, und gleichzeitig werden Wertpapiere an der Börse abgestoßen.

Das ganze aufgeblähte System in den USA hängt also komplett am seidenen Faden eines hohen Wechselkurses des US-Dollars. Sobald dieser zu fallen beginnt, kommt es zum Zusammenbruch. Daß es für unser Finanzsystem dabei immer kritischer wird, die Ungleichgewichte zu stabilisieren, zeigte der Einbruch des Technologiesektors ab März 2000. Dabei verfielen einzelne Titel bis zu 98 Prozent im Kurs, und zunehmend kam dabei auch heraus, daß viele Werte beinahe durch Betrug hochgetrieben worden waren. Das bedeutet jedoch für das instabile System eine große Gefahr, da fallende oder stagnierende Kurse dazu führen könnten, daß der Kapitalfluß in die USA zurückgeht und der Dollar dann zu fallen beginnt. Die Wahrscheinlichkeit ist nicht gering, daß dieser Zusammenbruch des Finanzsystems in die Phase der Euro-Einführung fällt und damit Europa in große Schwierigkeiten gerät. Hier stellt sich die Frage, wie die Einführung des Euros aussehen kann und wie die Zeit danach vorstellbar ist.

# Szenarien: Der Euro – ein Weg in den Zusammenbruch

Die meisten Leute denken, daß der Euro bereits seit 1999 Realität sei und die Einführung als Bargeld nur noch den letzten, eigentlich unwesentlichen Schritt darstellt. In Wirklichkeit verhält es sich genau andersherum: Die Begründung als Verrechnungseinheit am 1.1.1999 war unwesentlich und die Einführung als Bargeld stellt den entscheidenden und auch gefährlichsten Moment dar.

Was Anfang 1999 in der mit viel Getöse gefeierten Begründung der Einheitswährung geschehen war, war nicht mehr, als daß der frühere »ECU« in »Euro« umbenannt wurde, mit dem einzigen Unterschied, daß die nationalen Notenbanken innerhalb des Euro-Raumes der Europäischen Notenbank unterstellt wurden. Die Gefahren, die von solch einem System ausgehen sind, wie wir gesehen haben, geblieben und haben sich sogar noch vergrößert. Während der ECU wenigstens noch in geringen Bandbreiten schwanken durfte und auch oftmals die Wechselkurse den veränderten Bedingungen angepaßt wurden, ist im Euro-System jede individuelle Geldsteuerung unmöglich. Die Gefahren sind enorm und müssen letztlich einen Zusammenbruch hervorrufen.

Die Schlußfolgerung aus diesem Gedankengang muß deshalb lauten, daß die eigentlichen Probleme des Euros erst nach dessen Einführung als Bargeld richtig zum Tragen kommen. Doch ist der Euro erst einmal richtig etabliert, so wird eine sinnvolle Neuschaffung der nationalen Währungen schwierig oder unmöglich sein.

Nach der Euro-Einführung sind mehrere Szenarien denkbar:

- Sukzessive Steigerung der Probleme.
- Bankrott durch die EU-Osterweiterung.
- Plötzliche Spannungen im Euro-System durch eine Wirtschaftskrise.
- Gewaltsame »Lösungen« im zerfallenden Euro-System.

Die letzten drei Szenarien gehen von einer Zeit wirtschaftlicher

Schwierigkeiten aus, unter der die Einheitswährung begründet werden soll. Die Ursachen für diese kommende Wirtschaftskrise liegen in Fehlern unseres Kapitalsystems begründet, wie im letzten Abschnitt erläutert. Wie die Verantwortlichen auf diese Krise reagieren werden, bleibt abzuwarten – trotzdem sollte man diese Möglichkeiten im Auge behalten und sich über die Tragweite des Euro-Geldes für die Zukunft klar werden.

## Euro-Einführung und nachfolgende Probleme

Dieses Szenario geht davon aus, daß es unter oder nach der Einführung der Einheitswährung zu keinen zusätzlichen wirtschaftlichen Krisen kommt. Wie geplant, werden also zum Jahresende in Deutschland sogenannte »Starterkits« mit den wichtigsten Euro-Münzen ausgegeben. Ab dem 1.1.2001 verliert dann die D-Mark ihre Gültigkeit und wird allenfalls noch zwei Monate in Geschäften akzeptiert, wobei das Wechselgeld in Euro ausbezahlt wird. Auch der Umtausch von Guthaben und Bargeld wird von den Banken reibungslos abgewickelt. Die eigentlichen Probleme folgen dann im weiteren Verlauf des Euros:

Schon in den zwei Jahren der Einführungsphase, als die Einheitswährung nur als Verrecheneinheit von Buchgeld fungierte und die Wechselkurse »unwiderruflich« aneinandergekettet wurden, kam es zu zunehmenden Spannungen in Europa. Vor allem die schwächeren Nationen hatten die Möglichkeit verloren, durch eine Abwertung der eigenen Währung ihre Position auf dem Weltmarkt zu verteidigen. Deshalb verdoppelte sich der Außenhandelsüberschuß Deutschlands gegenüber den meisten anderen EU-Ländern seit 1997 und verdreifachte bzw. vervierfachte sich sogar gegenüber Spanien und Italien.[165] Da die künstlich festgezurrten Wechselkurse zunehmend für die schwachen Staaten zu hoch waren, gingen die Exporte zurück und die Importe stiegen an, ohne daß ein Regulierungsmechanismus das Ungleichgewicht hätte korrigieren können. Es entstanden immer größere Handelsbilanzdefizite, welche zu einer expandierenden Auslandsverschuldung führten und die schwächeren Länder immer mehr durch hohe Zinslasten unter Druck setzten. Auch konnte die für ganz Europa zuständige Europäische Zentralbank keinem Staat individuell gerecht werden, sondern mußte eine Währungspolitik betreiben, die an Europa im Ganzen orientiert war.

Die Einführung des Euro-Bargeldes wird die Situation noch wesentlich verschlimmern. Da nun überhaupt keine Wechselkurse mit nationalen Währungen mehr vorhanden sind, kann das Kapital frei in Europa verschoben werden. Selbstverständlich wird dieses nur in Regionen investiert, in welchen hohe Gewinne zu erwarten sind. Schwächere Staaten bluten damit durch die Kapitalflucht zunehmend aus und verlieren jede Finanzierung. Dies drückt sich dann vor allem in schnell zunehmender Arbeitslosigkeit und steigender Auslandsverschuldung der betreffenden Nationen aus. Europa als ganzes muß dann wohl oder übel versuchen gegenzusteuern, wenn man Unruhen verhindern will. Zuerst wird vielleicht ein kleiner Unterstützungsfond aufgelegt, der den schwachen Regionen helfen soll. Selbstverständlich muß solch ein Fond von den starken Staaten, vor allem Deutschland, finanziert werden. Nicht umsonst wurde von Finanzminister Eichel schon Mitte 2001 eine »Europasteuer« gefordert.[166] Da sich jedoch die Ungleichgewichte weiter verstärken, werden immer größere Unterstützungsaktionen und damit Transferlasten nötig. Später wird dann womöglich ein »Europa-Solidaritätszuschlag« erhoben, der das Einkommen der Bevölkerung deutlich drückt und zunehmend Unmut erzeugt. Letztlich helfen nicht einmal diese Leistungen etwas und es kommt zu Wanderungsbewegungen innerhalb Europas. Die schon arg durch die Transferkosten gebeutelte Bevölkerung der stärkeren Staaten muß nun zusehen, wie die Löhne durch Billigarbeitskräfte aus schwächeren Regionen deutlich gedrückt werden. Durch aufkeimende Unruhen wird gleichzeitig die Wettbewerbsfähigkeit Europas weltweit gedämpft, was die Konjunktur abkühlt und zusätzliche Arbeitlosigkeit bewirkt – und somit wiederum die Unruhen anheizt. Zunehmend wird Fremdenfeindlichkeit aufflammen und europaweit werden immer mehr Polizeikräfte eingesetzt werden müssen, um die Lage unter Kontrolle zu halten. Das Ergebnis wird sein, daß sich Europa zu einem großen Polizeistaat mit weiträumigen Armutszonen entwickelt. Auch ein mit unabsehbaren Folgen verbundenes Auseinanderbrechen der Europäischen Union ist unter solchen Bedingungen wahrscheinlich. Dieser Umstand wird auch in der Politik diskutiert. So warnte der außenpolitsche Sprecher der CDU/CSU-Fraktion Karl Lamers im Bundestag davor, daß eine Uneinigkeit zwischen Deutschland und Frankreich zu einem Auseinanderbrechen der Europäischen Union führen könnte.[167] In die gleiche Richtung geht auch eine Analyse der amerikanischen Zeitschrift *Foreign Affairs*, die es für wahrscheinlich hält, daß das eine oder andere Land die Währungsunion wieder verläßt, um mit einer nationalen Geldpolitik die eigene Volkswirtschaft zu unterstützen.[168]

Nicht zu vergessen ist auch der große »Vorteil« der Einheitswährung für jede Art von Monopolismus: Großbanken und Großkonzerne werden durch den schrankenlosen Kapitaltransfer in der Lage sein, die Nationen in Europa gegeneinander auszuspielen, was zur Folge hat, daß das Lohnniveau allein dadurch sinken wird. Die Bevölkerung wird somit in die Abhängigkeit dieser anonymen Strukturen geraten. Letztlich wird die Freiheit verlorengehen und die Demokratie wird nur noch dem Namen nach existieren, da dann das Großkapital die Entscheidungen in Europa trifft. Auch die organisierte Kriminalität wird einen großen Vorteil im Euro sehen. So kann beispielsweise die italienische Mafia dann problemlos die Verbrechensgelder aus Italien in andere Staaten in Europa transferieren und dort in die Wirtschaft sauberwaschen. Eine Kontrolle oder ein Verhindern der organisierten Kriminalität wird dann unmöglich sein. Schutzgeldzahlungen und Straftaten jeglicher Art werden langfristig zum normalen Alltag gehören.

Noch viel schlimmer wird die Situation und Belastung Europas werden, wenn die geplante »Osterweiterung« der EU und des Euros durchgeführt wird.

*»Sie (die EU, d. A.) hat aber noch nie in einem Zuge 100 Millionen Menschen aufgenommen und integriert, deren Lebensstandard zudem nur ein Fünftel dessen beträgt, was die Europäische Union mit fünfzehn Mitgliedern aufzuweisen hat. ... Wir können also sicher sein, daß der politische Kampf um die Verteilung des Sozialproduktes der Europäischen Union selbst das, was wir mit den derzeitigen 15 Mitgliedern bereits erleben, weit in den Schatten stellen wird.«*

Frankfurter Allgemeine Zeitung, 28.5.2001

## EU-Osterweiterung – Europa vor dem Bankrott

Um allein die Ost-Staaten auf das europäische Durchschnittsniveau zu bringen, sind gewaltige Finanzleistungen erforderlich. So muß z.B. Litauen nahezu ein Drittel seines Staatshaushaltes Jahr für Jahr aufwenden, um überhaupt auf ein angemessenes Niveau zu kommen.[169] Da diese Staaten solch hohe Kosten nicht selbst tragen können, muß zwangsläufig die EU, vor allem aber wieder Deutschland, einspringen. Die positiven Folgen der EU-Osterweiterung nehmen sich dabei für Europa äußerst bescheiden aus: So erklärte eine EU-Studie, daß durch die Osterweiterung das zusätzliche Wachstum bei gerade einmal 0,5 bis 0,7 Prozent liegen wird. Dabei solle der Wachstumszuwachs vor allem durch die Zuwanderung von jährlich 180.000 Arbeitskräften aus dem Osten geschaffen werden. Zwei Drittel dieser Zuwanderer sollten nach Deutschland kommen. Die Ost-Staaten selbst können laut dieser Studie sogar unter günstigen Bedingungen in 22 Jahren gerade erst 75 Prozent des EU-Wohlstandsniveaus erreicht haben.[170] Sollten diese Länder sogar noch, wie zu erwarten ist, den Euro vor der EU-Aufnahme als Währung einführen, so wäre eine Bankenkrise in diesen Staaten vorprogrammiert, weil die dortigen Notenbanken bei Wirtschaftskrisen keinen Einfluß mehr auf die Geldmenge nehmen könnten.[171]

Die Folgen der EU-Osterweiterung sind dabei ganz klar: Einmal müssen, zusätzlich zur Finanzierung der Euro-Ungleichgewichte, noch erhebliche Gelder aufgebracht werden. Dazu kommt noch, daß beispielsweise dann für Deutschland die Förderungen für strukturschwache Regionen wie Ostdeutschland von der EU gestrichen werden und damit die Beitragslast noch erheblich ansteigen wird.[172] Dabei wird der Zuzug von Arbeitskräften die Situation vor allem in Deutschland durch sinkende Löhne erheblich verschlechtern. Schon allein die zunehmenden Streitereien darüber, wer die Osterweiterung zu bezahlen hat, werden die EU und das Euro-Projekt in Zukunft in arge Bedrängnis bringen. Bereits Mitte 2001 hatte Spanien seine Zustimmung zur Erweiterung davon abhängig gemacht, daß Garantien für Milliardenzahlungen an das Land abgegeben werden.[173] Sicher ist, daß durch die Osterweiterung sowohl die Kosten, als auch die Streitereien in der Euro-Region noch erheblich zunehmen werden. Fraglich ist dabei, ob eine Währung ohne politisch stabile Untermauerung überhaupt existenzfähig ist.

Doch ob der Euro funktionieren wird, wie sich das die Verantwortlichen denken, ist noch keineswegs sicher. Leicht könnten die Vorstellungen durch eine Wirtschaftskrise zunichte gemacht werden.

*»Die BIZ (Bank für internationalen Zahlungsausgleich, d. A.) sagt voraus, daß die längerfristige unerläßliche Anpassung der heutigen Ungleichgewichte … ›beinahe zwangsläufig erhebliche Veränderungen der Wechselkurse mit sich bringen‹ werden … Eine beträchtliche Aufwertung des Euros dürfte Teil des Anpassungsprozesses sein … Finanzkrisen könne es auch zukünftig*

*geben, wenn ein plötzlicher Vertrauensverlust in einem der wichtigen Welthandelsländer eintrete.«*
Financial Times, Frankfurt/London, 31.5.2000

## Der Euro in der Wirtschaftskrise

Die folgenden Szenarien gehen davon aus, daß es nach der Einführung des Euros weltweit zu erheblichen wirtschaftlichen Spannungen kommt. Diese Ungleichgewichte müssen sich dann auch auf die Wechselkurse weltweit und die Funktionsfähigkeit des Euro-Systems auswirken.

Wie bereits in einem vorigen Kapitel beschrieben, ist fundamental gesehen der US-Dollar die eigentlich schwache Währung, was an einem gewaltig expandierenden Leistungsbilanzdefizit deutlich wird. Damit verbunden ist eine enorm zunehmende Verschuldung der USA im Ausland. Im Endeffekt bedeutet dies, wie ebenfalls schon beschrieben, daß Amerika darauf angewiesen ist, zunehmend Kapital anzulocken, um das Leistungsbilanzdefizit zu finanzieren. Deshalb wird auch alles getan, um den Dollar teilweise durch Manipulation hoch zu halten. Das künstlich gehaltene Ungleichgewicht käme ins Kippen, wenn eine neue Wirtschaftskrise, ähnlich der von 1998 einsetzen würde. Dann würden auch Interventionen der Notenbanken nichts mehr nützen, da in diesem Moment eine solch massive Kapitalfucht aus den USA einsetzen würde, daß die Devisenreserven aller Notenbanken der Welt nicht ausreichen, den US-Dollar auf seinem überbewerteten Niveau zu halten. Man bedenke, daß an den internationalen Devisenmärkten täglich die Summe von zwei Billionen Dollar umgesetzt wird! Demgegenüber verfügen alle Notenbanken der Euro-Zone zusammen gerade über fremde Währungen im Wert von 238 Milliarden Euro. Ein direkter Zugriff besteht für die EZB jedoch nur auf 42,2 Milliarden.[174] Die Europäische Zentralbank hat also genauso wie die amerikanische Notenbank gar keine Chance, große Kapitalbewegungen, welche unter einem Crash noch ein Vielfaches des heutigen normalen Handelsvolumens annehmen würden, irgendwie zu beeinflußen. Auch die Deutsche Bundesbank hat bereits darauf hingewiesen, daß im Zweifel Interventionen nicht nur wirkungslos blieben, sondern sogar den Druck am Devisenmarkt verstärken könnten.[175]

Finanzexperten aus Europa warnten bereits vor wachsenden wirtschaftlichen Ungleichgewichten als Folge abrupter Schwankungen an den Devisenmärkten. Dabei ist der US-Dollar das Hauptproblem. Dieser könnte schnell unter Druck geraten, warnte beispielsweise Andrew Crockett, der Chef der Bank für Internationalen Zahlungsausgleich (BIZ). Es wurde darauf hingewiesen, daß die weltweit immer schärfere Konkurrenz im Finanzbereich die Risiken für das weltweite Finanzsystem erhöhe und deshalb die Kurse an den Welt-Finanzmärkten immer heftiger und übertriebener schwankten. Vor allem die geringe Sparneigung und das extreme Handelsbilanzdefizit in den USA stellten gravierende gesamtwirtschaftliche Ungleichgewichte dar. Demgegenüber widersprächen die Wechselkurse zum Teil der aktuellen wirtschaftlichen Stärke oder Schwäche einer Volkswirtschaft. Vor allem der US-Dollar ist hoch bewertet, obwohl die USA ihre Auslandsverschuldung ständig erhöhten. Genauso entspricht der Euro-Kurs nicht den realen Verhältnissen. Es wurde betont, daß gerade durch das hohe US-Leistungsbilanzdefizit die US-Währung stark unter Druck kommen könne.[176] Ein schneller Abfall des Dollars würde unser Finanzsystem vor unlösbare Probleme stellen.

Wenn dieser zwangsläufig kommende Zusammenbruch in Gang kommt, dann wird vor allem der Euro einer gewaltigen Belastungsprobe ausgesetzt. Weil das Kapital aus den USA abgezogen und ein guter Teil davon in Europa investiert wird, steigt der Kurs des Euros zunächst sehr schnell. Allerdings wird dieses Kapital aus Amerika nicht gleichmäßig in Europa investiert, sondern die einzelnen Länder profitieren ungleichmäßig davon. Der Großteil des Kapitals wird selbstverständlich in die starken Staaten investiert, während die schwächeren Nationen nur einen geringen Teil davon abbekommen. Da der Kapitalstrom in solch einer Lage so gewaltig ist, werden die durch die Einheitswährung sich ohnehin in Europa ausbreitenden Spannungen noch viel größer, ohne daß die EZB eingreifen könnte. Die drastische Ausbildung von Armutsregionen wird die Folge sein. Schnell ist dann durch die auftretenden Unruhen die Neigung von Entscheidungsträgern da, gewaltsame Lösungen durchzusetzen.

*»Eine weitere vorsichtige Zinserhöhung kann dann der Tropfen sein, der das Faß zum Überlaufen bringt. Das würde die US-Konjunktur abstürzen lassen. Würde das auch den Dollar mitreißen? Wir können nicht mit Sicherheit voraussagen, ob und wann es geschieht. Wir wissen aber, daß die Welt erschüttert wird, wenn es geschieht. Die zittrige Konjunktur in Japan wird einknicken; Südostasien wird in eine zweite Krise hineingezogen; der tönerne Koloß China wird stürzen. Die Wellen der Erschütterung werden auch vor Euro-Land nicht Halt machen; Blasen gibt es gerade in den Peripheriestaaten.«*

Prof. Joachim Starbatty, Ökonom[177]

## Gewaltsames Zusammenhalten des Euro-Systems

Wenn eine Wirtschaftskrise den Euro-Raum mit seiner ungeliebten Einheitswährung massiv trifft, dann kann die berechtigte Wut der Bevölkerung möglicherweise nur durch Zwangsmaßnahmen unterdrückt werden. Indizien, welche auf eine Vorbereitung darauf seitens der Verantwortlichen deuten könnten, sind beispielsweise daran zu erkennen, daß in ganz Europa die Euro-Einführung militärisch unterstützt werden sollte. Begründet wurde diese Forderung der Banken damit, daß der Transport das »Nadelöhr« bei der Bargeldeinführung sei und es auch bei den Lagerkapazitäten Probleme gebe. In allen anderen Ländern sei das Militär bereits an der Bargeldumstellung beteiligt und übernehme auch die Kosten, so wurde argumentiert.[178] Zwar ist eine militärische Aktion im Dienste der Banken in Deutschland durch das Grundgesetz verboten, doch der Bankenmanager Andreas Goralczyk meinte, daß es »hie und da ein Hintertürchen« oder »eine Öffnungsklausel« geben müsse, um den Euro mit militärischer Unterstützung einzuführen.[179] Demgegenüber lehnte der Deutsche Bundeswehr-Verband die Maßnahme ab und wies darauf hin, daß solch ein Einsatz verfassungsrechtlich nicht vorgesehen sei. Weiter wurde erklärt, daß im Grundgesetz ein innenpolitischer Einsatz der Bundeswehr auf sehr wenige Ausnahmen beschränkt sei, wozu beispielsweise Naturkatastrophen zählten. Ausnahmen könne auch der Bundestag nicht beschließen.[180] Trotz dieser eindeutigen verfassungsrechtlichen Bedenken, sicherte die Bundesregierung bei der Einführung des neuen Euro-Bargelds die logistische Unterstützung der Bundeswehr zu. Claus Henning Schapper, Innenstaatssekretär und Koordinator für Sicherheitsfragen bei der Euro-Einführung, meinte zu den rechtlichen Bedenken des Bundeswehreinsatzes bei der Euro-Einführung, daß diese Maßnahme verfassungsrechtlich unbedenklich sei, da es sich nicht um einen Einsatz zur Gewährleistung der inneren Sicherheit handle, sondern um eine logistische Unterstützung.[181] Ob es sich am Ende wirklich nur um eine logistische Unterstützung handeln wird oder ob damit in einer Krisensituation versucht werden soll, Druck auf die Bevölkerung zur Akzeptanz des Einheitsgeldes aufzubauen, werden die kommenden Ereignisse zeigen. In jedem Fall wurde mit dieser Entscheidung eine Tür aufgestoßen, welche es auch später ermöglichen könnte, tatsächlich Militär etwa zum Schutz der Banken zu verwenden. Es ist in diesem Zusammenhang schon erstaunlich, daß die Einführung der D-Mark in der ehemaligen DDR damals auch ohne solch einen militärischen Einsatz bewerkstelligt werden konnte. Kurios ist auch, warum der zeitliche Rahmen nicht einfach entsprechend erweitert wurde, um den Euro langsam durch stetigen Austausch – vergleichbar mit dem Ersatz alter D-Mark-Scheine gegen fälschungssichere – einzuführen. Die Folgen von Zwangsmaßnahmen würden wahrscheinlich von einzelnen Unmutsäußerungen der Bevölkerung bis hin zu bürgerkriegsähnlichen Unruhen reichen. Daß eine gewaltsam eingeführte Währung dann später jemals wirklich Vertrauen erwecken und voll akzeptiert würde, bleibt fraglich. Noch schlimmer könnte es werden, wenn Probleme beim Euro dazu benutzt würden, Bargeld einzuziehen und einen reinen bargeldlosen Zahlungsverkehr zu etablieren. Die meisten Menschen sind sich über die Tragweite einer derartigen Maßnahme überhaupt nicht im klaren.

## Kreditkarten und Buchgeld – Der Weg zu Überwachungsstaat und perfekter Diktatur

Schon heute kann zunehmend die Forderung nach elektronischem Geld oder einer Kartenwährung vernommen werden. Dieses Zahlungsmittel wird dabei immer als besonders modern dargestellt, während die herkömmlichen Scheine und Münzen als altmodisch und unbequem verunglimpft werden. Hierbei stellt sich die Frage, ob diese Annahme berechtigt ist und ob Kartengeld wirklich einen Fortschritt oder vielleicht doch eine Gefahr darstellt?

## Unsichere Funktion

Welche herausragende Bedeutung Bargeld hat, haben Sie vielleicht schon erlebt, wenn Ihr Bankautomat oder Ihre Geldauszahlung am Schalter gesperrt waren, weil der Computer keine Verbindung zum Zentralrechner hatte. Am 1. Dezember 1999 war das gesamte Zahlungssystem der Deutschen Bank durch einen Computerfehler lahmgelegt. Dadurch konnten vorübergehend 35 Milliarden Euro an Verpflichtungen nicht erfüllt werden.[182] Schnell hätten sich, allein durch solch einen zufälligen »Blackout«, Liquiditäts-Engpässe mit Bankenpleiten entwickeln können. In solch einem Fall könnten Sie weder Überweisungen vornehmen, noch über Ihr Vermögen verfügen. Dann würde jedem der Unterschied zwischem echtem Geld und daraus entstandenen Geldforderungen geradezu ins Auge springen. Die Losung lautete wieder: »Nur Bares ist Wahres«. Schon an dieser Stelle wird deutlich, daß die Geldforderungen immer ein Zahlungsmittel zweiter Klasse darstellen und erheblichen Risiken ausgesetzt sind. Alle Arten von Chipgeld, Netzgeld oder insgesamt Buchgeld sind immer mehr oder weniger fehleranfällig. Was wäre, wenn plötzlich die Elektrizität ausfiele oder ein Computervirus das Netz lahmlegen würde? Dann müßten alle Zahlungen ausfallen, nur weil man sich auf ein angeblich »modernes« Zahlungsmittel verlassen hatte.

Wer garantiert überhaupt für die Sicherheit des bargeldlosen Verkehrs? Wie sehr wir uns mit dem ganzen Chipgeld, welches vom Funktionieren der Computer abhängt, in Abhängigkeit und Gefahr bringen und wie leicht sich hier unser ganzes Vermögen zerstören läßt, zeigte ein Beitrag des Terrorismusforschers Prof. Laqueur. Er wies dabei auf die Risiken einer verkomplizierten Gesellschaft im Falle terroristischer Anschläge hin: Wenn es Terroristen gelänge, »wichtige Zentralen oder Schaltstellen unserer sich immer komplizierter und vernetzter entwickelnden Computersysteme zu blockieren oder gar zu zerstören, dann könnte dadurch für Tage, Wochen oder schlimmstenfalls Monate das Leben unserer Gesellschaft völlig paralysiert werden«. Er wies auch auf eine historische Tatsache hin: »Leider gibt es in der Geschichte ein Gesetz, daß alles, was sich am Horizont menschlichen Denkens als Möglichkeit herausbildet, eines Tages auch in die Praxis umgesetzt wird.« Dabei ist für die Zerstörung eines Landes nicht viel Aufwand nötig: »Was man braucht sind vier, fünf oder höchstens sechs Personen mit technischen Kenntnissen und etwas Kapital zur Anschaffung der entsprechenden Materialien und Geräte, und schon läßt sich Terror ganz ohne besonders ausgefeilte konspirative Strukturen organisieren.«[183] In die gleiche Richtung deutet eine Studie des *Center for Strategic and International Studies* (CSIS), welche zum Ergebnis gelangt, daß die USA durch Zerstörung des Computernetzes (und damit der Zahlungsvorgänge) mit zehn exzellenten Hackern und zehn Millionen Dollar in die Knie gezwungen werden könnten.[184] Zu Beginn des Jahres 2000 gab es einen umfassenden Hackerangriff auf das Internet. Zur künftigen Abwehr wurde der technische US-Geheimdienst *National Security Agency* (NSA) beauftragt, was zeigt, wie ernst die Lage ist.[185] Würde dieser Schlag noch umfassender geführt, könnte mit einem Male die gesamte Weltwirtschaft zerstört werden. Man läßt aus diesem Grund und wegen der ständigen Kontrolle besser die Finger von solchen »modernen Zahlungsmitteln«. Doch noch viel schwerwiegender ist die Gefahr, daß unsere Freiheit durch solch ein Geld völlig verloren gehen wird.

## Verlust der Freiheit

Das Risiko besteht darin, daß alle Zahlungsvorgänge kontrolliert und überwacht werden können. Es kann jederzeit, auch im nachhinein, festgestellt werden, wer, wann, wo, was und für welchen Betrag gekauft hat. Damit lassen sich zutreffende Nutzerprofile erstellen, mit denen der einzelne genau kontrolliert werden kann. Auch besteht die Möglichkeit, das Konto systemkritischer Personen jederzeit zu sperren und so Druck auf die freie Meinungsäußerung auszuüben. Weltweit sind verstärkte Bestrebungen im Gange, das Bargeld durch bargeldlose Systeme zu ersetzen. Besonders kritisch ist dabei die Verwendung von EC- und Kreditkarten für Zahlungsvorgänge zu betrachten, weil damit alle Kaufvorgänge zentral gespeichert werden, womit der Kunde einer totalen Überwachung unterliegt. Man setzt zuerst auf kräftige Werbung, um das angeblich »moderne Zahlungsmittel« im Volk beliebt zu machen. Mit Erfolg: Ende 1999 verfügte im Durchschnitt praktisch jeder Einwohner der Bundesrepublik über eine EC-Karte oder eine Karte mit Zahlungsmittelfunktion. Innerhalb eines Jahres wurden die Karten um 19 Prozent mehr benutzt.[186]

Eine weitere Anstrengung, um die Bürger von der Chipkarte zu überzeugen, geht in Richtung Jugendschutz. Mit dem Vorwand, den Zigarettenkauf von Jugendlichen einzuschränken, wollen die Mitglieder der Nichtraucherschutzinitiative im Bundestag die Zigarettenindustrie zwingen, ihre Automaten auf ein neues, bargeldloses System umzustellen. Denkbar sei dabei die Einführung spezieller Chip-Karten oder der Einsatz von Eurocheque- und Kreditkarten.[187]

Kaum ein Bundesbürger scheint sich allerdings Gedanken darüber zu machen, welche Macht er den Banken mit der Verwendung von EC-, Chip- oder Kreditkarten einräumt. Der Bundesbeauftragte für Datenschutz, Joachim Jacob, wies bereits darauf hin, daß auch aufladbare Geldkarten die systematische Überwachung der Personen erlauben. Der Benutzer lege Datenspuren über Zeit, Ort und ausgegebenen Betrag. Die Daten würden jahrelang gespeichert, und auf Knopfdruck könnten von jedem Kartennutzer exakte Verhaltens- und Kaufprofile erstellt werden.[188] Des weiteren wiesen die Datenschützer darauf hin, daß das bargeldlose Bezahlen mit Karte Datenspuren hinterläßt. Wer zum Beispiel regelmäßig in einer Edelboutique einkaufe oder in einer Luxusherberge übernachte, die von der Mafia als Geldwäscheanlage benutzt werde, könne schnell als Verdächtiger im Polizeiapparat registriert werden.[189]

## Überwachung gefährdet jeden

Viele Zeitgenossen verfallen dabei der Annahme, daß wer nichts auf dem Kerbholz habe, sich vor einer Überwachung auch nicht fürchten müsse. Dies ist jedoch ein gefährlicher Trugschluß: Wer definiert denn, was als staatsfeindlich gilt und was nicht? Es sind genau dieselben Personen, die auch das Überwachungsnetz betreiben. Was ist, wenn die Lebensumstände so drückend geworden sind, daß ein normales Leben nicht mehr möglich ist und es dann Gesetze gibt, welche vorschreiben, daß jeder seinen letzten Besitz an den überschuldeten Staat abgeben muß? Dann ist jeder staatsfeindlich und damit kriminell, der den Anweisungen nicht nachkommt, also nicht für die Bedienung der Schulden zu sterben bereit ist. Wer sagt denn, daß der Begriff »Kriminalität« immer so gefaßt sein wird wie heute? Vielleicht wird jeder einmal zur Zwangsarbeit verurteilt, um die Verzinsung der Schulden sicherzustellen, und Flucht ist dann nicht mehr möglich. Was wäre, wenn beispielsweise die Mafia durch ihren großen Reichtum in die Macht des Überwachungsnetzes kommt und jeder »Schutzgeld« abzuführen hat? *Eine Erfahrung aus der Geschichte lehrt, daß alles was sich mißbrauchen läßt, auch irgendwann von irgend jemandem irgendwie mißbraucht werden wird.* Ein Zurück gibt es dann nicht mehr, da diese Macht, die Herrschaft über jeden einzelnen Menschen zu jeder Zeit an jedem Ort, eine absolute ist. Es stimmt sehr bedenklich, daß der Gebrauch von Bargeld zunehmend eingeschränkt wird. Frankreich führte beispielsweise, unter dem Vorwand, die Geldwäsche zu bekämpfen, im Mai 2000 ein Gesetz ein, wonach Barzahlungen bei Geschäftsleuten nur noch bis 1.500 DM und bei Privatleuten nur noch bis 6.000 DM zulässig sein sollen.[190] Die Entwicklung zum Überwachungsstaat, mit der Grundlage der bargeldlosen Währung, ist also sehr gefährlich und kann ganz schnell in einer perfekten Diktatur enden, gegen die kein Widerstand mehr möglich ist.

### Bargeldlose Systeme sind abzulehnen

Eine wichtige Forderung an eine künftige stabile Währung ist deshalb die Anonymität. Bargeld stellt hier die bisher einzig praktikable Form eines Geldes dar, das zum einen sicher funktioniert und zum anderen auch die Freiheit des einzelnen garantiert. Aus diesem Grund sind auch alle scheinbar alternativen Zahlungssysteme abzulehnen, welche auf Buchgeld basieren. Bargeldloser Zahlungsverkehr erleichtert zwar manches, absolute Abschaffung von Barem ist jedoch sehr gefährlich. Möchten Sie in einem Land leben, in dem Sie ständig kontrolliert werden und in dem Ihr Konto gesperrt wird, sobald Sie Ihr Recht auf freie Meinungsäußerung wahrnehmen? Daneben wäre dieses System so anfällig, daß schon jede kleinere Unregelmäßigkeit im Computernetz bereits die gesamte Wirtschaft und ihr Vermögen gefährden würde. Wollen Sie das, nur um eines angeblich »modernes Zahlungsmittels« willen? *Bargeld ist Freiheit – alleiniges Buchgeld bedeutet Unterdrückungsstaat und Kontrolle!* Zwangsläufig entstehende Probleme beim Euro würden hier unter Umständen den Weg für Maßnahmen bereiten, das Bargeld ganz abzuschaffen, mit unabsehbaren Folgen für jede Person. Angesichts der eindeutigen Gefahren, welche der Euro für jeden einzelnen mit sich bringt, sowohl in der Einführungsphase als auch danach, stellt sich die Frage, wie die Einheitswährung unseren Lebensstandard gefährdet.

## Der Euro – Gefahr für unseren Lebensstandard

Für Ihr Vermögen stellt der Euro ein nicht zu unterschätzendes Risiko dar. Die Gefahr besteht in der unterschiedlichen wirtschaftlichen Entwicklung der Staaten in der Euro-Zone. Besonders in einem krisenhaften Umfeld gerät die Euro-Region insgesamt in Gefahr. Schon bevor der Euro überhaupt etabliert wurde, gab es – z.B. nach dem Beginn der Rußlandkrise – Spekulationen gegen europäische Währungen wie die Lira, die Peseta und die Finnmark. Die Notenbanken mußten mit Hilfe von befreundeten Geschäftsbanken intervenieren.[191] Was früher über Wechselkurse ausgeglichen werden konnte, ist nun durch die Einheitswährung nicht mehr möglich, weswegen die schon vorhandenen Spannungen noch größer werden. Viele Bürger sind sich dabei gar nicht bewußt, daß durch diese ökonomischen Fehlentwicklungen das eigene Vermögen in Gefahr gerät.

So erklärte die EZB, daß der Euro die Banken empfindlicher gegenüber Schocks, verursacht durch andere Länder, mache. Besonders das riesige Volumen von ungesicherten Finanzkontrakten der Banken untereinander, in Höhe von 400 Milliarden Euro, stelle ein großes Risiko dar. Hinzu komme, daß immer größere Banken immer höhere Summen umschlagen.[192] Durch den Euro ist die Sicherheit Ihres Ersparten damit, entgegen den Versprechen der Euro-Befürworter, kleiner geworden als vorher. Der Ausfall einer Großbank könnte dann schon eine Bankenpleitewelle hervorrufen, in der Sie Ihr Geld verlieren.

Doch auch wenn keine Wirtschaftskrise das Vermögen direkt bedroht, wird der Euro, wie wir gesehen haben, zu einer deutlichen Absenkung des gewohnten Lebensstandards führen. Die Bürger werden in Deutschland dann gleich von zwei Seiten belastet: Einmal durch hohe Transferleistungen und zum anderen durch Zuwanderung von Arbeitskräften aus den schwächeren Regionen. Mit diesen billigen Arbeitskräften muß die einheimische Bevölkerung konkurrieren, mit der Folge drastischer Lohneinbußen. Dadurch wird die Fremdenfeindlichkeit enorm anwachsen, ein Effekt, der durch hohe Steuerlasten für Transferleistungen noch verstärkt wird. Die *Internationale Arbeitsorganisation* (ILO) zeigte in einer Studie, daß die weitere Verkettung ungleichartiger Staaten in der Globalisierung nicht zu einer Ab-, sondern zu einer Zunahme der Migrationsströme führen muß, weil der Kapitalzufluß in schwachen Regionen nicht ausreicht, um genügend Arbeitsplätze zu schaffen.[193] Außerdem wird die Vorherrschaft des Geldes durch ungedämpften Kapitaltransfer vergrößert, wodurch eine noch schnellere Vermögenskonzentration in Europa entsteht. Die Folge insgesamt ist ein Absinken des Lebensstandards und eine weitreichende Verarmung der Bevölkerung. Auch der Chefvolkswirt der Europäischen Zentralbank Prof. Otmar Issing erklärte bereits, daß bei Wegfall der Wechselkurse die Anpassung an veränderte wirtschaftliche Umstände durch die Löhne geschehen müsse, das heißt, diese gegebenenfalls sinken werden. Dabei sieht er auch den Ruf nach einer Transferunion und die Möglichkeit, daß die Währungsunion, vielleicht erst Jahre später, auf dem Spiel stehen könnte.[194] Absicherungsmaßnahmen für das eigene Vermögen sind deshalb unerläßlich.

# Persönliche Maßnahmen gegen die Vermögensentwertung

Zuerst einmal sollte man sich darüber klar werden, was überhaupt kommen kann. An dieser Stelle soll der Schwerpunkt der Betrachtung auf den Euro gelegt werden. Das heißt, Maßnahmen, wie man eine allgemeine kommende Wirtschaftskrise am besten überstehen kann, sollen erst einmal nicht betrachtet werden (darüber gibt ein anderes Buch des Autors Auskunft: »Geldcrash – So retten Sie Ihr Vermögen – Der Krisenwegweiser). Wie in den Szenarien dargelegt, sind mehrere Möglichkeiten gegeben. Zuerst sollte man sich einmal darüber klar werden, was eigentlich »Geld« eigentlich ist.

## Geld und Geldforderungen

Am Anfang der Anlageformen steht das Bargeld. Bargeld ist gewissermaßen die Grundform der Geldanlagen, auf die alle anderen aufbauen. Damit ist Bares von vornherein die liquideste Anlageform mit dem schnellsten Zugriff. Hier lohnt es sich, sich einmal kurz darüber klar zu werden, was der entscheidende Unterschied zwischen Bargeld und damit aufgebauten Geldforderungen darstellt.

Den wenigsten Menschen ist der Unterschied zwischen Geld und Geldforderungen bekannt. Geld sind die Scheine und Münzen, gegen die im Laden Waren gekauft werden können. Geldforderungen sind auf dem Papier oder im Computer verbuchte Guthaben und werden deshalb auch Buchgeld genannt. Unter Geldforderungen fallen demnach alle Anlageformen wie Anleihen, Schuldverschreibungen, Sparbuch, Kreditkarten und auch das Girokonto. *Geld ist ein Dokument, welches die Kaufkraft verbrieft. Geldforderungen sind Versprechen des Geldinhabers, dieses wieder zurückzuzahlen. Wird dieses Versprechen gebrochen, so verliert die Geldforderung ihren Wert.* Eine Anleihe eines bankrotten Staates beispielsweise ist genauso wertlos wie das Girokonto bei einer bankrotten Bank. Die für die Wirtschaft entscheidende Größe sind nicht die Zahlungsversprechen, sondern die verbrieften Rechte. Wichtig ist, daß Geldforderungen zwar den Zahlungsverkehr erleichtern, beispielsweise indem Beträge überwiesen werden können, statt umständlich transportiert zu werden, jedoch keinen Einfluß auf den Preisstand und damit auf die wirtschaftliche Entwicklung haben. In einer empirischen Untersuchung der Gesamthochschule Siegen wurde erkannt, daß nur das umlaufende Bargeldvolumen einen Einfluß auf die Preisentwicklung hat, sich jedoch keine Korrelation zum Sichtguthaben finden ließ.[195]

## Bestandteile des Buchgeldes

Aus was bestehen überhaupt die Geldforderungen oder das Buchgeld? Dieses scheinbare Geld besteht aus zwei Komponenten: Einmal einem Guthaben und zum zweiten einem gleichgroßen Kredit. Durch Einzahlungen von Bargeld bei einer Bank und Weiterverleihen davon entstehen gebuchte Durchlaufposten, das Buchgeld. Der gleiche Geldschein kann nun, nachdem die Bank die Banknote wieder verliehen hat, mehrmals im Geldkreislauf bei einem Kreditinstitut gebucht werden, womit die Beträge des Buchgeldes größer werden, als das der Grundlage Bargeld. Wie gezeigt wurde, läßt sich jedoch aus dem Anstieg des Buchgeldvolumens keineswegs eine Korrelation zum Preisniveau zeigen, wie dies bei einer Vermehrung der umlaufenden Bargeldmenge der Fall wäre. Das kann auch rein logisch erklärt werden, da die Beträge von Buch-Guthaben und Buch-Krediten immer gleich groß sind und gegeneinander aufgerechnet den Betrag 0 DM ergeben. Es besteht also keinerlei Größe, welche auf die Wirtschaftsentwicklung wirken könnte. Der Fehler, der in diesem Zusammenhang oft gemacht wird, besteht darin, daß allein die Bestände von Buchgeld und Barem verglichen werden und daraus geschlußfolgert wird, daß Bargeld heute unwichtig sei. Vergessen wird jedoch, daß jedes Giralgeld immer eine Forderung auf Bargeld darstellt und früher oder später wieder zu diesem wird. Auch kann das eingezahlte und gebuchte Geld nur von einer Person benutzt werden, entweder vom Einzahler oder von der Bank oder vom Kreditnehmer, es findet also keine Ausweitung der Kaufkraft statt. Die Behauptung aus Bankenkreisen über die Unwichtigkeit von Bargeld heute und des Einflusses von Giralgeld ermangelt nach wie vor jeglicher glaubhafter Beweisführung. *Die Trennung der Begriffe Geld und Geldforderung hat dabei vor allem in Krisensituationen eine entscheidende Bedeutung.*

## Liquidität und richtige Währungen

Generell gewinnt in jeder Wirtschaftskrise der Liquiditätsaspekt, also die schnelle Verfügbarkeit des Vermögens, eine entscheidende Wichtigkeit. Viele Geldforderungen, also Versprechen der Banken, werden in solch einer Zeit unsicher oder lösen sich auf. Deutlich wurde der Liquiditätsaspekt unter der russischen Finanzkrise im Sommer 1998: Innerhalb kurzer Zeit wurden die Bankkonten der Anleger in Rußland gesperrt, um die Bankenliquidität nicht zu gefährden. Obwohl die Kunden einen Anspruch auf die Auszahlung von Dollar oder D-Mark hatten, war diese nicht möglich. In der Folge wurden die Bankautomaten gestürmt. Die Bargeldmenge, welche mittels Karte entnommen wurde, stieg auf das 150fache des üblichen Volumens. Bereits nach kurzer Zeit wurden jedoch auch die Automaten für die Geldausgabe gesperrt.[196] Im weiteren Verlauf verschwand jedes Bargeld, auch der Rubel, vom Markt.[197]

*Aus diesen Erkenntnissen läßt sich die Schlußfolgerung ziehen, daß es in einer Wirtschaftskrise wichtig ist, sein Vermögen möglichst liquide, also schnell verfügbar, zu halten.* Für das Euro-Problem kommt noch hinzu, daß das Geld auch in den richtigen Währungen angelegt sein muß.

Da man von einer weltweiten Wirtschaftskrise ausgehen muß, *verbietet sich in jedem Fall der US-Dollar*, da dieser massiv überbewertet ist und früher oder später massiv abzustürzen droht. Dieser Absturz wird so schnell und plötzlich erfolgen, daß gar keine Zeit mehr bleibt, sein Vermögen in eine andere Währung zu wechseln. Genauso sind alle Länder zu meiden, welche feste Wechselkurse zum US-Dollar haben, da diese dann mit abstürzen werden. Überhaupt sollten Staaten mit Festkurssystemen gemieden werden, weil solche Wechselkursregelungen immer einer Zeitbombe gleichen und früher oder später durch die entstehenden Ungleichgewichte zusammenbrechen müssen.

Auch eine weitere Weltwährung, *der japanische Yen, ist sehr kritisch zu betrachten.* Japan befindet sich heute in einer sich immer weiter verschlechternden Schuldenkrise. Wenn nun im Zuge einer weltweiten Krise die Zinsen steigen und die Schulden dort unbezahlbar werden, kann sehr schnell auch die Währungsstabilität darunter leiden.

Ratsam ist es in jedem Fall, schon im Vorfeld der Euro-Einführung teilweise auf eine andere stabile Währung auszuweichen. Wenn unter wirtschaftlichen Schwierigkeiten der Dollar verfällt und der Euro zerfällt, dann ist zu erwarten, daß *der Schweizer Franken als eine der letzten stabilen Währungen* enorm an Wert gewinnt. Besonders gilt dies, da die Schweiz ein kleines Land ist, mit einem relativ kleinen Volumen an Franken. Wenn nun die Nachfrage nach dieser Währung stark ansteigt, so muß der Kurs geradezu explodieren. Darüber hinaus war der Franken auch in der Vergangenheit in jeder Krise und jedem Krieg eine gute Investition, da der Kurs gegenüber anderen Währungen jeweils anstieg. Abb. 14 zeigt den Zusammenhang deutlich: Dargestellt ist jeweils der Wechselkurs zum englischen Pfund, zum US-Dollar und zur Reichsmark, wo-

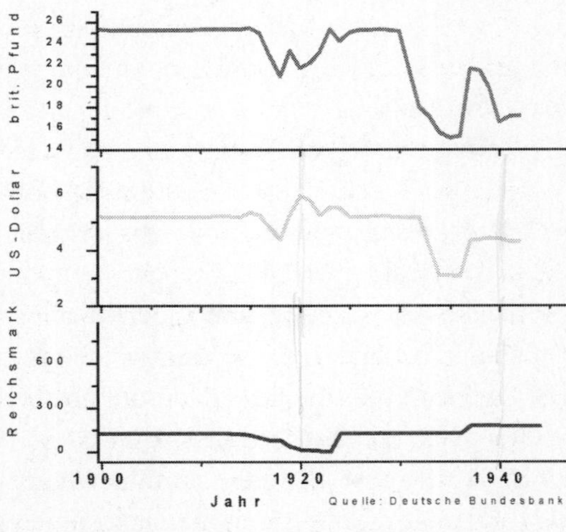


***Abb. 14: Kursentwicklung des Schweizer Frankens (fallende Kurve bedeutet steigender Franken-Kurs).***

bei eine sinkende Kurve hier einen steigenden Frankenkurs bedeutet. Bemerkenswert ist vor allem der deutliche Gewinn des Schweizer Frankens in der Zeit während und nach dem Ersten Weltkrieg und unter der Weltwirtschaftskrise von 1929 bis 1939 gegenüber der amerikanischen und englischen Währung. Der Schweizer Franken stellt damit eine Fluchtwährung dar, welche von weltweiten Krisenzuständen profitierte. In der zu erwartenden Krise ist eine noch deutlichere Entwicklung zu erwarten.

Merken Sie sich also folgende Punkte:

- Investitionen in den US-Dollar sind gefährlich,
- den japanischen Yen unbedingt meiden,
- Staaten mit festen Wechselkursen meiden,
- der Schweizer Franken ist die vermutlich letzte stabile Währung.

## Private Absicherung

### Was ist zu tun?

*Das wichtigste ist, heutzutage Schulden möglichst zu vermeiden*, weil Sie sonst in einer Krisensituation mit einer deflationären Aufwertung der Kredite, steigenden Zinsen und rabiaten Forderungen der Banken konfrontiert werden könnten. Das gilt insbesondere bei der Euro-Währung, weil hier Krisenzustände und damit steigende Risikozuschläge zum Zins beinahe unvermeidbar sein werden. Es ist falsch, anzunehmen, daß eine Inflation die Schulden entwerten würde, vielmehr ist in einer unsicheren Lage mit einer Deflation, also einer Schuldenaufwertung zu rechnen.

Es sollte wieder der Grundsatz unserer Großeltern gelten, daß man sich nur dann etwas leisten kann, wenn man vorher die benötigte Summe gespart hat. Verzichten Sie lieber einmal auf etwas, als durch Schulden in Abhängigkeit zu geraten und Ihre Sicherheit zu verspielen. Haben Sie schon laufende Kredite, dann hat die Tilgung derselben absoluten Vorrang vor allen anderen Geldentscheidungen. Achten Sie dabei auf eine möglichst langlaufende Zinsfestschreibung, um nicht durch steigende Zinsen in einer Krisensituation überrascht zu werden.

Haben Sie keine Schulden und dafür etwas Erspartes, dann stellt sich die Frage nach der sicheren Geldanlage.

## Was ist bei der Geldanlage wichtig?

In einer Euro-Krise nimmt die Unsicherheit auf dem Finanzmarkt enorm zu, da niemand mehr weiß, welche Geldanlagen überhaupt noch zu realisieren sind oder welche Unternehmen und Banken schon bankrott sind.

Aufgrund dieser Tatsache ergibt sich ein Risikozuschlag zum Zins, da der Geldverleiher sich das gestiegene Verlustrisiko vom Schuldner bezahlen läßt. Weil die Zinsen dann massiv steigen, hat dies teilweise verheerende Auswirkungen auf viele Geldanlageprodukte:

So stürzen beispielsweise **festverzinsliche Wertpapiere** im Kurs ab – und zwar je länger die Laufzeit, um so deutlicher. Zusätzlich dazu fällt der Kurs noch weiter durch die aufkommende Unsicherheit und den Rückgang der Kaufnachfrage nach solchen Wertpapieren. Nach der Rußlandkrise mußten beispielsweise die Besitzer russischer Staatsanleihen Kursverluste von bis zu 90 Prozent hinnehmen. Anleihen in Europa, speziell solche aus den schwachen Staaten, sind dabei besonders von der Krise gefährdet, weil hier die Risikozuschläge zum Zins und damit der Kursverfall am ausgeprägtesten sein werden. In der Konsequenz heißt dies, daß man nur kurzlaufende Papiere von Schuldnern mit hoher Bonität kaufen sollte.

Gleichzeitig verfallen die **Aktienwerte** an der Börse, weil den Unternehmen der Boden unter den Füßen weggezogen wird und die aufkommende Unsicherheit zu Aktienverkäufen führt. Wieder sind hier die Unternehmen von Einbrüchen und Umsatzrückgängen am meisten gefährdet, welche in den schwachen Nationen in der EU beheimatet sind. Unternehmen aus diesen Regionen und solche, die in einer Krise keine Rolle mehr spielen, sind deshalb zu meiden.

Mit den Anleihen und den Aktien verfallen dann auch gleichzeitig die auf ihnen aufbauenden **Fondanteile**. Es ist ein weitverbreiteter Irrtum, daß die Anlage in einem Aktienfond sicherer wäre, als eine Direktinvestition in Aktien. Im Gegenteil: Die Fondanlage ist unberechenbarer, da Sie weder über die konkreten Investitionen des Fondmanagers informiert sind, noch auf dessen Handlungsweise einen Einfluß haben. Schnell sind solche Fonds dann am Ende und das Vermögen verloren, während Sie bei der Direktanlage selbst agieren können und auch die Kontrolle behalten.

Es wird also deutlich, daß es im Hinblick auf eine Euro-Krise wichtig ist, immer nur kurzfristig und vor allem in die richtigen Währungen zu investieren. Das Geld muß ständig verfügbar sein. Was nutzt Ihnen eine hochrentable Geldanlage in der Krise, wenn Sie erst in fünf Jahren darauf zugreifen können? In der Deflation geht Ihre Bank bankrott und in der Inflation ist Ihr Geld entwertet, bis Sie es wieder erhalten.

Also beachten Sie den Grundsatz: ***Liquidität und Verfügbarkeit der Geldanlage geht vor Rendite!*** Das gilt wiederum insbesondere in Europa.

Ein weiterer und oft übersehener Punkt kommt hinzu: **Je höher die Rendite, um so höher auch das Risiko!** Viele Anleger sind heute Renditen von bis zu 20 Prozent gewöhnt. Sorglos wird in Schwellenländer oder Technologiefonds investiert – immer nur mit Blick auf die hohe Rendite. Kaum jemand fragt sich, warum die Rendite überhaupt so hohe Werte erreichen kann. Sie ist deshalb so hoch, weil zum Zins ein hoher Risikozuschlag kommt. Bei normaler Rendite würde niemand in solch riskanten Bereichen investieren, darum muß man in derartigen Fällen Geldanleger mit »Superrenditen« locken. Gerade in den letzten Jahren mußten Anleger dabei zunehmend erkennen, daß die versprochene »Superrendite«

oft mit einem Totalverlust bezahlt werden mußte. **Eine Verzinsung, höher als normal, sollte deshalb schon zur Vorsicht mahnen**.

Beliebt wurden in letzter Zeit auch Auslandsanlagen, vor allem in Staaten mit Wechselkursanbindungen, weil auch hier wieder hohe Renditen versprochen wurden. Vergessen wird dabei jedoch, daß man weder Einfluß auf das jeweilige Land hat, noch die dortigen Verhältnisse komplett durchschauen kann. Was ist, wenn beispielsweise die Türkei Bankrott anmeldet, zuerst die Rückzahlung Ihrer türkischen Anleihen entgegen den Vereinbarungen verlängert und dann am Ende gar nicht mehr zahlt? In einer weltweiten Schuldenkrise, wenn jedes Land nur noch die eigenen Verhältnisse berücksichtigt, gehen solche Anlageformen als erstes verloren. Das bedeutet, daß eine Geldanlage auch geographisch immer erreichbar sein muß.

Hier nochmals die wichtigsten Regeln für die Geldanlage in der Zeit vor einer Krise:

- Keine Schulden!!!
- Kurzfristige Anlageformen wählen, die ständig verfügbar sind.
- Keine riskanten, hochverzinsten Geldanlagen – je höher die Rendite, um so größer das Risiko.
- Liquidität (= schnelle Verfügbarkeit) geht vor Rendite.
- Das Geld muß sowohl zeitlich, als auch geographisch immer zu erreichen sein.

Wer viel Geld besitzt, kann mit einem Teil davon Risiken eingehen, als Kleinsparer sollten Sie allerdings mehr darauf achten, daß Ihr sauer Erspartes nicht verloren geht. Streuen Sie deshalb Ihr Geld und investieren Sie beispielsweise in Geldmarktkonten, bei denen Sie täglich auf Ihr Erspartes zugreifen können. Am besten ist es, diese Konten bei verschiedenen Banken zu führen.

Weiter bieten sich vor allem Geldmarktfonds und Sparbücher an. Man könnte beispielsweise sein Vermögen auf mehrere Sparbücher zu je 1.500 Euro verteilen und dann ständig auf die volle Summe zurückgreifen, da 1.500 Euro pro Monat ohne Kündigung verfügbar sind. Am besten verteilt man sein Geld bei unterschiedlichen Banken, um das Risiko zu streuen, falls ein Kreditinstitut zahlungsunfähig wird. Bei Geldmarktfonds ist darauf zu achten, daß diese nur in kurzlaufende Rentenpapiere (Restlaufzeit kleiner als ein halbes Jahr) investieren, anderenfalls verliert man Vermögen durch die in einer Krise fallenden Kurse festverzinslicher Anleihen. Außerdem ist darauf zu achten, daß die Anleihen des Fonds nur von ausgezeichneten Schuldnern stammen. Auf die Rendite sollte man bei den Absicherungsmaßnahmen weniger Wert legen.

Nicht vergessen sollten Sie hierbei ein Fremdwährungskonto in Schweizer Franken, welches heute von vielen Banken angeboten wird. Achten Sie darauf, daß für das Konto und für das Geldwechseln keine Gebühren anfallen und daß das Geld wiederum täglich verfügbar ist. Die Verzinsung solcher Fremdwährungskonten ist relativ gering, doch geht es bei unserer Betrachtung nicht um eine möglichst hohe Rendite, sondern um eine Absicherung gegen Euro-Krisen. Ein kräftiger Kursgewinn des Schweizer Frankens zum Euro kann dann sehr schnell für entgangene Zinsgewinne mehr als entschädigen.

Auch die teilweise Geldanlage in Gold, Silber sowie Bargeld (vor allem in Schweizer Franken) – alles im versicherten Schließfach der Bank – kann sich im Crashfall als überaus vorteilhaft erweisen.

Der Erwerb von Immobilien oder Grundstücken lohnt sich indes nur, wenn Sie sich nicht dafür verschulden müssen und diese auch selbst nutzen. Beim heutigen überspekulierten Preisniveau auf diesem Sektor lohnt sich eine vermietete Immobilie kaum. Bereits seit einigen Jahren steigen diese Werte kaum noch und werden in der Krise, wegen steigenden Zwangsverkäufe überschuldeter Hausbesitzer, drastisch zu fallen beginnen. In der Weltwirtschaftskrise der 1930er Jahre verfielen Immobilienwerte beispielweise innerhalb weniger Jahre um nahezu 90 Prozent. Das Ausweichen vor der Euro-Krise in Sachwerte ist aus diesem Grund weniger empfehlenswert.

Wer über viel Geld verfügt, kann dieses sinnvollerweise in rentable, wenig gesicherte und wenig rentable aber gesicherte Anlageformen aufteilen.

Um *den schlimmsten Fall abzusichern*, empfiehlt es sich, einige tausend Euro in Schweizer Franken bar zu wechseln und mit einigen tausend Euro in Scheinen (jeweils kleine Scheine) diebstahlsicher in einem versicherten Schließfach einer Bank (besser bei mehreren Banken) zu deponieren. Dieses Geld würde den Fall absichern, daß die Verfügbarkeit der Konten unter einer schweren Krise nicht mehr gesichert wäre, daß also plötzlich die Bankschalter und Geldautomaten geschlossen wären.

Wenn Sie also Geld anlegen wollen, dann beachten Sie unbedingt die nachfolgenden Empfehlungen:

- Geldmarktkonten, Geldmarktfonds, Sparbücher – volle Absicherung durch den Einlagensicherungsfond.
- Fremdwährungskonto Schweizer Franken – volle Absicherung durch den Einlagensicherungsfond, täglich verfügbar.
- Bargeld im versicherten Schließfach in Euro/Schweizer Franken/Gold.

# Zusammenfassung und Ausblick

In Hochglanzbroschüren wurde der Euro den Bürgern in den vergangenen Jahren als ein großer Fortschritt präsentiert. Wenig Aufmerksamkeit wurde allerdings auf fundierte, sachliche Information gelegt. Dies sollte anscheinend auch gar nicht geschehen, da sonst bei einer kritischen Auseinandersetzung mit der Materie die groben Fehler der Einheitswährung ans Licht gekommen wären.

Wie wir gesehen haben, war der Euro von Anfang an nie eine sinnvolle ökonomische Entscheidung, sondern eine politische. Vieles spricht dafür, daß die D-Mark nur deshalb von den Entscheidungsträgern aufgegeben wurde, um die Zustimmung der Westmächte zur Deutschen Einheit 1990 zu erlangen. Dafür sprechen sowohl die historische Abfolgen der Ereignisse wie auch die Aussagen namhafter beteiligter Persönlichkeiten.

Deshalb wurden auch keine Mittel und Wege gescheut, das bei den Bürgern ungeliebte Projekt entgegen allen demokratischen Gepflogenheiten durchzupeitschen.

Eine Klage von vier Professoren Anfang 1998 gegen die Einführung der Einheitswährung zeigte ganz deutlich, welche Widersprüche in der offiziellen Argumentation lagen. Leider wurde in dieser Klage nicht deutlich genug auf die Funktionsweise von Währungen eingegangen.

Nur am Rande wurde bei der ganzen Euro-Diskussion überhaupt hinterfragt, warum es verschiedene Währungen gibt. Ebensowenig wurde klargestellt, daß Wechselkurse nützliche Regulationsmechanismen zwischen ihnen darstellen.

Demgegenüber konnte hier die Störungsanfälligkeit von festgelegten Wechselkursen durch die Asien-, Rußland- und Brasilienkrise mehr als deutlich belegt werden. Die Funktionsfähigkeit von festen Wechselkursen wäre allerdings die Voraussetzung dafür, daß überhaupt eine Einheitswährung zwischen ungleichen Ländern funktionieren könnte. Die Einführung der D-Mark in der damaligen DDR zur Zeit der deutschen Einigung belegte mehr als deutlich, wie fatal sich eine Einheitswährung auswirken muß: Da die schwächere DDR-Wirtschaft nicht auf Grundlage der harten D-Mark konkurrieren konnte, waren die meisten Firmen von einem auf den anderen Tag zahlungsunfähig. Trotz massiver Transferhilfen aus dem Westen konnte ein weitreichender Niedergang der Neuen Bundesländer nicht verhindert werden.

Jetzt soll durch den Euro genau der gleiche Vorgang in noch viel größerem Maßstab wiederholt werden. Die Folgen sind bereits heute absehbar: Die schwachen Länder werden in eine Rezession abrutschen, da sie nicht auf Grundlage des für sie zu harten Euros konkurrieren können und keine Möglichkeit mehr haben, etwa über Wechselkurs-Abwertungen zu reagieren. Transferleistungen werden nötig werden und zunehmend die stärkeren Staaten, hier vor allem Deutschland, in Mitleidenschaft ziehen. Außerdem wird es zu deutlichen Zuwanderungsbewegungen aus den schwächeren Regionen kommen, was das Lohnniveau drücken wird. Die Zunahme von Spannungen zwischen den Staaten kann dann kaum mehr verhindert werden. Schon heute zeigt der deutsche Länderfinanzausgleich, daß sogar in ein und demselben Staat Transferleistungen zu großen Konflikten führen müssen. Im europäischen Maßstab werden diese noch wesentlich massiver ausfallen. Hier könnte sich der Euro tatsächlich zu einer Frage von Krieg oder Frieden entwickeln.

Ein großer Irrtum besteht heute in der Bevölkerung insofern, als diese annimmt, der Euro wäre bereits seit 1999 Realität. Jedoch bestehen die nationalen Währungen weiterhin. Damals wurde nur der vorher gescheiterte ECU in Euro umbenannt. Außerdem wurde die eigenständige Währungssouveränität aufgegeben und die Kontrolle an die Europäische Zentralbank abgegeben. Die eigentliche Euro-Einführung steht uns am 1.1.2002 bevor, dem Tag, an dem tatsächlich die nationalen Währungen komplett gegen Bargeld ausgetauscht werden sollen. Die eigentliche Bewährungsprobe für den Euro beginnt damit erst nach dessen Bargeld-Einführung.

Da wir uns in einem System befinden, welches insgesamt auf einen Zusammenbruch zusteuert, ist die Wahrscheinlichkeit nicht klein, daß der Euro in eine Zeit mit großen wirtschaftlichen Spannungen führt.

Unser Finanzsystem stellt von vornherein ein Verfallssystem dar, da es auf einem explodierenden Zinsmechanismus basiert, der bewirkt, daß beispielsweise die Schulden seit 1960 zweieinhalb Mal schneller steigen, als die Produktion. Kredite können in einem solchen System nie zurückbezahlt werden, sondern es werden nur immer neue, noch größere Kredite aufgenommen, um überhaupt die explodierenden Zinslasten tragen zu können. In der Zwischenzeit haben sich weltweit große Ungleichgewichte aufgebaut, wie beispielsweise der überbewertete Aktienmarkt und das enorme Handelsbilanzdefizit in den USA. Um diese Ungleichgewichte zu halten, wurde der US-Dollar zunehmend auf ein überbewertetes Niveau gehoben, während der Euro entsprechend geschwächt wurde. Früher oder später wird der Punkt erreicht werden, an dem das System kippt, dann wird der Dollar fallen. Die dann einsetzende Kapitalflucht aus Amerika wird das Euro-System unter massiven Druck setzen. Die EZB wird in dieser Lage nur die Möglichkeiten haben durch Zwangsmaßnahmen zu reagieren. In jedem Fall hätte dies fatale Auswirkungen auf das private Vermögen. Schutzmaßnahmen sind deshalb unter allen Umständen notwendig.

Wie auch immer die Euro-Einführung ablaufen wird, es ist bereits jetzt sicher, daß die Einheitswährung nicht lange Bestand haben wird. Wie jedes instabile System in der Natur letztlich zugrunde gehen muß, so muß auch der Euro und das ganze Schuldensystem zusammenbrechen. Dann wird es Zeit, überkommene ökonomische Lehrmeinungen gegen neue, unverbrauchte Erkenntnisse auszutauschen, welche zu einer stabilen Geldordnung führen werden.

# Quellenverzeichnis


1 Übersetzter Originaltext einer französischen Wochenschau von 1957.

2 Süddeutsche Zeitung, 4.9.2000.

3 Financial Times Deutschland, 4.9.2000.

4 Was tun wenn die D-Mark stirbt?, Polar Film + Medien, 1996 (Videokassette).

5 Ebenda.

6 Journal für Deutschland, Presse- und Informationsamt der Bundesregierung, 8/1997.

7 Augsburger Allgemeine Zeitung, 31.1.2001.

8 Augsburger Allgemeine Zeitung, 20.1.2001.

9 Süddeutsche Zeitung, 29.11.2001.

10 Augsburger Allgemeine Zeitung, 20.3.2000.

11 Die Welt, 23.9.1997.

11a Stellungnahme der Bischöfe der ComECE, Brüssel, 6.12.2000.

11b Süddeutsche Zeitung, 7.3.2001.

12 Euro, Das europäische Wirtschaftsmagazin, 4/1998.

13 Süddeutsche Zeitung, 28.6.1997.

14 Die Welt, 27.11.2000.

15 Was tun wenn die D-Mark stirbt?, Polar Film + Medien, 1996 (Videokassette).

16 Nachfrage bei Prof. Martens Deutsche Bundesbank, bei Bankentagung Ulm 4/1997.

17 Die Welt, 19.10.1998.

18 Prof. Dr. Hesse, Landeszentralbank Bremen, Niedersachsen und Sachsen-Anhalt; Presseartikel Deutsche Bundesbank 23.1.1997.

19 Deutsche Bundesbank/Auszüge aus Presseartikeln, Handelsblatt vom 22.9.1997.

20 Was tun wenn die D-Mark stirbt?, Polar Film + Medien, 1996 (Videokassette).

[21] Die Euro Katastrophe, Polar Film + Medien, 1998 (Videokassette).
[22] Ebenda.
[23] Ebenda.
[24] Was tun wenn die D-Mark stirbt?, Polar Film + Medien, 1996 (Videokassette).
[25] Die Euro-Klage, Rowohlt Verlag, 1998.
[26] Süddeutsche Zeitung, 30.10.2000.
[27] Die Euro Katastrophe, Polar Film + Medien, 1998 (Videokassette).
[28] Lexikon, Lingen Verlag, S.A. Brockhaus, Wiesbaden 1974.
[29] Die Euro Katastrophe, Polar Film + Medien, 1998 (Videokassette).
[30] Börsen Zeitung, 16.9.1998.
[31] Handelsblatt interaktiv, 19.2.1999.
[32] Rheinischer Merkur, 19.2.1999.
[33] Frankfurter Allgemeine Zeitung, 17.2.1999.
[34] Handelsblatt online, 22.1.1999.
[35] Deutsche Bundesbank, Auszüge aus Presseartikel, 4.5.1999.
[36] Die Welt, 9.9.1998.
[37] Handelsblatt interaktiv, 25.10.1999.
[38] Frankfurter Allgemeine Zeitung, 22.2.1999.
[39] Die Welt, 29.5.1998.
[40] Handelsblatt interaktiv, 15.10.1999.
[41] Zitiert in der Zeit, 12.12.1997.
[42] Süddeutsche Zeitung, 5.10.1998.
[43] Deutsche Bank Börsennachrichten online, 28.1.1999.
[44] Handelsblatt online, 20.1.1998.
[45] Handelsblatt online, 8.1.1999.
[46] Handelsblatt online, 1.2.1999.
[47] Süddeutsche Zeitung 22./23.11.1997.
[48] Handelsblatt online, 29.10.1998.
[49] Yahoo Schlagzeilen, 22.2.2000.
[50] Die Welt, 4.2.1999.

[51] Spiegel Kurzmeldung, 8.5.1998.
[52] Frankfurter Allgemeine Zeitung, 10.11.1997.
[53] Frankfurter Allgemeine Zeitung, 18.8.1998.
[54] Der Spiegel online, 14.9.1998.
[55] Die Welt, 20.7.1998.
[56] Die Welt, 29.4.2000.
[57] Süddeutsche Zeitung, 23.7.1998.
[58] TeleData Börseninformation, 28.1.1999.
[59] Handelsblatt online, Internet Meldung, 29.9.1998.
[60] Die Welt, 13.4.2000.
[61] Der Spiegel, 5.10.1997.
[62] Die Welt, 12.1.1999.
[63] Frankfurter Allgemeine Zeitung, 2.2.1999.
[64] Frankfurter Allgemeine Zeitung, 14.6.1999.
[65] Handelsblatt online, 15.1.1999.
[66] Die Welt, 28.6.2000.
[67] Frankfurter Allgemeine Zeitung, 17.12.1998.
[68] Spiegel Meldung, 30.9.1998.
[69] Handelsblatt online, 22.1.1999.
[70] Süddeutsche Zeitung, 29.12.2000.
[71] Die Welt, 8.11.2000.
[72] Süddeutsche Zeitung, 29.8.2000.
[73] Süddeutsche Zeitung, 19.12.2000.
[74] Dieter Haferkamp, Direktorium Deutsche Bundesbank, Presseartikel Deutsche Bundesbank, 8.7.1998.
[75] Süddeutsche Zeitung, 21.9.2000.
[76] Süddeutsche Zeitung, 26.11.1996.
[77] Deutsche Bundesbank/Auszüge aus Presseartikeln, Süddeutsche Zeitung 6.6.1995.
[78] Süddeutsche Zeitung, 2.2.2000.
[79] Frankfurter Allgemeine Zeitung, 17.1.2000.
[80] Handelsblatt interaktiv, 15.3.2000.
[81] Handelsblatt, 17.8.1999.
[82] Die Welt, 27.11.2000.

[83] Handelsblatt.com, 21.12.2000.
[84] Inter Info 8/1999; Internationaler Hintergrundinformationsdienst.
[85] Inter Info, Internationaler Hintergrundinformationsdienst, 6/1999.
[86] Süddeutsche Zeitung, 2.9.1998.
[87] Süddeutsche Zeitung, 30.10.2000.
[88] Handelsblatt, 21.8.1998.
[89] Prof. Milton Friedman, Deutsche Bundesbank/Auszüge aus Presseartikeln, 12.9.1997.
[90] Süddeutsche Zeitung, 26.1.2000.
[91] Süddeutsche Zeitung, 30.7.1998.
[92] Die Welt, 23.12.1996.
[93] Neue Zürcher Zeitung, 1./2.6.1996.
[94] Bundesanstalt für Arbeit 6/1998 und Süddeutsche Zeitung 30.7.1998.
[95] Mitteilungen der Gemeinschaft zum Schutz der deutschen Sparer, Bonn 9.9.1998.
[96] Süddeutsche Zeitung, 30.7.1998.
[97] Berliner Zeitung 27.3.1998.
[98] Die Welt, 13.7.1998.
[99] Dr. Martin Lusser, Präsident des Direktoriums der Schweizer Nationalbank; Deutsche Bundesbank/Auszüge aus Presseartikeln, 6.9.1995.
[100] Frankfurter Allgemeine Zeitung, 23.10.1998.
[101] Handelsblatt, 26.3.1998.
[102] Süddeutsche Zeitung, 7.2.2000.
[103] Die Welt, 3.11.1999.
[104] Die Welt, 14.11.2000.
[105] Süddeutsche Zeitung, 21.2.2001.
[106] Deutsche Bundesbank, Auszüge aus Presseartikeln, 3.2.2000.
[107] Süddeutsche Zeitung, 13.3.2000.
[108] Die Welt, 11.9.2000.
[109] Süddeutsche Zeitung, 29.12.2000.

[110] Süddeutsche Zeitung, 30.8.1999.
[111] Süddeutsche Zeitung, 29.6.2000.
[112] Prof. Dr. Jochimsen, Präsident der Landeszentralbank Nordrhein-Westfalen, Deutsche Bundesbank/Auszüge aus Presseartikeln, 3.7.1997.
[113] Süddeutsche Zeitung, 29.6.2000.
[114] Focus online 21.4.1998.
[115] Süddeutsche Zeitung, 17.7.2000.
[116] Die Welt, 31.3.2000.
[117] Die Welt, 31.5.1999.
[118] Die Welt, 21.9.1999.
[119] Die Welt, 11.1.2001.
[119a] Die Welt, 19.3.2001.
[120] Die Zeit 20.5.1998.
[121] Süddeutsche Zeitung, 2.10.1997, Über die Kohl-Biographie des langjährigen Bonner Büroleiters der SZ, Klaus Dreher, zitiert von G. Hannich aus dem Original.
[122] Die Welt, 1.7.2000.
[123] Handelsblatt, 28.6.2000.
[124] Videokassette »Was tun wenn die D-Mark stirbt?«, Polar Film und Medien, 1996.
[125] Ogger Günter, Die Gründerjahre, Knaur Verlag, 1982, zusammengefaßt und zitiert von G. Hannich aus dem Inhalt des Originals.
[126] Bundesanstalt für politische Bildung, Weimarer Republik, Informationen zur politschen Bildung, 4. Quartal 1998.
[127] Ebenda, zusammengefaßt von G. Hannich aus dem Original.
[128] Die Welt, 5.10.1999.
[129] Bundesanstalt für politische Bildung, Deutschland 1945–1949, Informationen zur politschen Bildung, 2. Quartal 1998, zusammengefaßt von G. Hannich aus dem Original.
[130] Süddeutsche Zeitung, 5.10.1998.
[131] International Herald Tribune, 2.5.1997.

[132] »Eurochancen für Fondanleger«, DIT Deutscher Investment Trust.
[132a] Handelsblatt.com, 27.2.2001.
[133] Süddeutsche Zeitung, 20.2.2001.
[134] International Herald Tribune, 20.12.1997.
[35] Die Welt, 1.1.1999.
[136] Süddeutsche Zeitung, 8.9.2000.
[137] Süddeutsche Zeitung, 7.9.2000.
[138] Die Welt, 1.2.2001.
[139] Frankfurter Allgemeine Zeitung, 27.4.2000.
[140] Financial Times Deutschland, 18.9.2000.
[141] Die Welt, 4.1.2001.
[142] Financial Times Deutschland, 5.9.2000.
[143] Finanz und Wirtschaft, Zürich, 17.5.2000.
[144] Die Welt, 13.9.2000.
[145] Handelsblatt.com, 28.9.00.
[146] Die Welt, 20.4.2000.
[147] Süddeutsche Zeitung, 21.9.2000.
[148] Augsburger Allgemeine zeitung, 19.2.2001.
[149] Financial Times Deutschland, 19.12.2000.
[150] Frankfurter Allgemeine Zeitung, 24.2.1999.
[151] Handelsblatt.com, 19.9.2000.
[152] Die Welt, 20.4.2000.
[153] WASHINGTON INSIDER, Deutsche Ausgabe, Vol. 10, Nr. 38 , 21. September 2000,
[154] Süddeutsche Zeitung, 11.9.2000,
[155] Die Welt, 27.3.2000.
[156] Süddeutsche Zeitung, 9.3.2000.
[157] Süddeutsche Zeitung, 20.3.2000.
[158] Hamburger Abendblatt, 28.2.2000.
[159] Die Welt 24.2.2000.
[160] Süddeutsche Zeitung, 16.2.2000.
[161] Frankfurter Allgemeine Zeitung, 7.4.1999.
[162] Die Welt, 4.4.2000.

[163] Süddeutsche Zeitung, 1.12.2000.
[163a] Süddeutsche Zeitung, 8.3.2001.
[164] Financial Times Deutschland, 16.3.2000.
[165] Handelsblatt, 11.5.2001
[166] Financial Times Deutschland, 15.6.2001
[167] Financial Times Deutschland, 28.1.2001
[168] Inter Info, 10/2000
[169] Handelsblatt.com, 13.6.2001
[170] Die Welt, 14.6.2001
[171] Financial Times Deutschland, 12.9.2001
[172] Handelsblatt.com, 24.7.2001
[173] Die Welt, 7.5.2001
[174] Süddeutsche Zeitung, 21.9.2000
[175] Süddeutsche Zeitung, 25.1.2001
[176] Yahoo Schlagzeilen, 26.11.2000
[177] Handelsblatt, 26.4.2000
[178] Die Welt, 24.8.2000
[179] Süddeutsche Zeitung, 26.6.2000
[180] Süddeutsche Zeitung, 25.8.2000
[181] Die Welt, 1.9.2000
[182] Frankfurter Allgemeine Zeitung, 17.1.2000
[183] Die Welt, 29.9.1997
[184] Inter Info, 2/2000
[185] Die Welt, 12.2.2000
[186] Süddeutsche Zeitung, 16.3.2000
[187] Augsburger Allgemeine Zeitung, 29.1.2000
[188] Augsburger Allgemeine Zeitung, 9.3.1998
[189] Augsburger Allgemeine Zeitung, 1.4.1998
[190] Euro-Zeitung, 21.5.2000
[191] Frankfurter Allgemeine Zeitung, 31.8.1998
[192] Süddeutsche Zeitung, 23.4.2000
[193] Süddeutsche Zeitung, 2.3.2000
[194] Deutsche Bundesbank/Auszüge aus Presseartikeln, Handelsblatt 15.8.1997

[195] Prof. Dr. Artur Woll, Beschäftigung, Geld und Preisniveaustabilität – Empirische Untersuchung zum Inflationsproblem, Land Nordrhein-Westfalen, 1977

[196] Die Welt, 24.8.1998

[197] Frankfurter Allgemeine Zeitung, 11.9.1998

# Weitere Bücher des Autors

## Börsenkrach und Weltwirtschaftskrise

*Der Weg in den Dritten Weltkrieg*

**Wir stehen vor dem größten Börsenkrach, den die Welt je gesehen hat!**

Für die meisten Menschen ist unser Geldsystem eine gegebene Größe, über das man sich keine weiteren Gedanken zu machen braucht. Wer jedoch den Funktionsmechanismen auf die Spur kommt, erkennt schnell, daß der Zinskapitalismus auf ständige Expansion angewiesen ist. Da es aber in einer endlichen Welt kein unendliches Wachstum geben kann, ist das System zum Scheitern verurteilt.

Weil die Politiker und die Hochfinanz mit ihren internationalen Machtkartellen alles daran setzen, die Stunde der Wahrheit so lange wie möglich hinauszuzögern, bläht sich das System immer mehr auf. Die Umverteilung des Kapitals von Arm nach Reich geschieht immer schneller. Doch die Finanzblase wird platzen. Wir stehen unmittelbar vor der größten Weltwirtschaftskrise, die die Erde je gesehen hat. Sie wird für die meisten zu unbeschreiblicher Armut und Elend führen, am Ende sogar zu einem neuen Weltkrieg. Niemand von uns wird sich diesem Desaster der Währungssysteme und dem Zusammenbruch aller Börsen entziehen können.

Dieses Buch ist eine Orientierung für jedermann und eine Herausforderung an die Flexibilität und den Mut von Politikern und Managern.

*Börsenkrach und Weltwirtschaftskrise, ISBN-930219-34-4, 320 Seiten mit 30 Grafiken und Bildern, gebunden, DM 39,80*

# Geldcrash – So retten Sie Ihr Vermögen

## *Der Krisenwegweiser*

Was wäre, wenn eine Finanzkrise Ihr gesamtes Vermögen entwertet? Den wenigsten ist bewußt, daß ihr Vermögen zunehmend bedroht wird: Sowohl Währungs- als auch Schuldenkrisen gefährden das Ersparte. Dabei ist auch das laufende Einkommen von steigenden Steuerlasten und einer Umverteilung von der Mittelschicht zu wenigen Superreichen bedroht. Die kommende Entwicklung kann durch die Kenntnis unseres Geldsystems vorhergesagt werden. Dies ermöglicht Ihnen, Ihr Vermögen vor Verlusten zu schützen. Der ungünstig investierende Anleger wird vom Zusammenbruch überrascht und verliert seine Sicherheit und Freiheit. Es wird sich zeigen, daß hohe Rendite nicht gleich finanzielle Garantie ist. Dieses Buch zeigt Schwachstellen in Ihrer Vermögensplanung auf und gibt Hinweise, worauf Sie bei der Krisensicherung achten müssen.

Günter Hannich, **Geldcrash – Krisenwegweiser**, So retten Sie Ihr Vermögen, Zweite Auflage 2000, ISBN 3-00-005077-9, 144 Seiten mit sechs Karikaturen und 20 Grafiken, kart., 14,8 x 21 cm, DM 29,80

*»Krisenwegweiser – Angst vor dem Crash? Die Aktienmärkte streben von Rekord zu Rekord. Aber das war auch 1929 so. ... (Günter Hannich) zeigt in seinem Bändchen mögliche Krisenszenarien auf. Keine Panikmache. Doch etwas Nachdenklichkeit hat bisher den wenigsten Geldanlegern geschadet.«*
*Handelsblatt 28.12.1999*

## Sprengstoff Geld

### *Wie das Kapitalsystem unsere Welt zerstört*

Das Buch »Sprengstoff Geld« ist das erste Buch des Autors. Es vermittelt Ihnen einen kurzen, umfassenden Überblick zur Funktion unseres Systems und zeigt Lösungen auf, wie dieses stabilisiert werden kann. Ein historischer Rückblick verdeutlicht die Entwicklung. Arbeitslosigkeit, Umweltzerstörung, Wirtschaftskrisen und die daraus entstehenden Ungerechtigkeiten sind keineswegs Zufall, sondern logische Folgen in der Endphase eines explodierenden Geldsystems. Die Geschichte zeigt deutlich, daß sich eine bessere Ordnung nur dann durchsetzen kann, wenn das alte System an seinen inneren Widerständen zerbrochen ist.

**Sprengstoff Geld**, Dritte Auflage 2000, ISBN 3-00-002937-0, 144 Seiten mit über 30 Grafiken und neun Karikaturen, 14,8 x 21 cm, DM 29,80

Lesermeinungen:

*»Mir ist keine Arbeit auf diesem Gebiete bekannt, die den umfangreichen Stoff dem Leser so kurz und prägnant nahebringen kann. Gerade daß es für uns einfachere Leute geschrieben ist und nicht nur für Akademiker, macht das Buch so sympathisch! ...Hier wird einem die ganze Dramatik klar, mit der wir auf den Zusammenbruch zusteuern und der unvermeidlich ist.« E.W.*

*»Von dem Buch ›Sprengstoff Geld‹ bin ich hellauf begeistert. Es spricht mir aus der Seele! Ich habe es gleich zweimal gelesen. Es zeugt von hohem Sachverstand, und es wird wenig polemisiert.« M.G.*

Dieses Buch können Sie beziehen über:
Kopp-Verlag, Graf-Wolfegg-Str. 71, D-72108 Rottenburg,
Tel.: (0 48 45) 79 04 - 0, Fax: (0 48 45) 79 04 - 11,
Email: info@kopp-verlag.de

182

## Informationsdienst

Günter Hannich plant in Zusammenarbeit mit dem Kopp Verlag die Herausgabe eines regelmäßigen Informationsdienstes. Dieser wird aktuelle wirtschafts- und finanzpolitische Ereignisse und Entscheidungen analysieren und kommentieren. Es werden konkrete Strategien erarbeitet, wie jeder seine Ersparnisse und sein Eigentum in einer äußerst wahrscheinlichen Krisenzeit schützen kann.
Nähere Informationen dazu erhalten Sie bei:


**Kopp Verlag**
Graf-Wolfegg-Straße 71 (8/02)
72108 Rottenburg Neu 07472-9806-0
Telefon ~~(0 48 45) 79 04 - 0~~
Telefax: ~~(0 48 45) 79 04~~ - 11
E-mail: info@kopp-verlag.de


Tel. best. 6.8.02 - kommt vermutl. erst i. Herbst 02 heraus

**Die lange erwartete und bisher einzigartige Dokumentation eines sensationellen Ereignisses: Im Jahre 1991 erhielt die Menschheit durch über hundert Meter große Kornkreise in den Feldern Südenglands die kodierte Botschaft einer nicht-menschlichen Intelligenz.**

In diesem Buch legen die Autoren Koch & Kyborg neue überraschende Ergebnisse ihrer langjährigen und intensiven Forschungsarbeit in England und Deutschland an diesem viele Menschen in aller Welt faszinierenden Phänomen vor.
Hautnah nimmt der Leser teil an Expeditionen in die Grafschaft Wiltshire mit ihren Jahrtausende alten Steinkreisen von Stonehenge und Avebury. Dort gelang den Autoren über den experimentellen Austausch astronomischer Informationen die nicht für möglich gehaltene und bis heute andauernde Kontaktaufnahme mit eben dieser fremden Intelligenz, die hinter den echten Kornkreisen steht.
In »Vernetzte Welten« wird erstmals die Entdeckung eines Systems wechselwirkender Energienetze veröffentlicht: der Rosetta-Stein zum Grundverständnis unserer Realität. Neueste astrophysikalische Forschungsergebnisse bestätigen die Wechselwirkung von Energielinien und -feldern im Mikro- wie im Makrokosmos. Sie sind als Bindeglieder und Informationsträger im gesamten Kosmos wirksam und ermöglichen erst die Kommunikation zwischen den verschiedenen Welten, die sie miteinander verbinden. Koch & Kyborg beschreiben, wie sie mit diesen Netzen erfolgreich phantastische Experimente durchgeführt haben. Es gelang ihnen erstmals Strukturen nachzuweisen, die den von Wissenschaftlern wie Prof. Rupert Sheldrake postulierten morphogenetischen Feldern entsprechen könnten.
Fachkundig und sachlich geleitet wird Schritt für Schritt eine Einführung in den praktischen Gebrauch dieser Energienetzte gegeben.

**Die Auswirkungen dieser Neuentdeckung auf unser tägliches Leben sind noch nicht absehbar.**

*gebunden*
*352 Seiten*
*zahlreiche Abbildungen*
*Best.-Nr. 8500*
*39.80 DM*

---

**KOPP VERLAG**
Graf-Wolfegg-Straße 71
D - 72108 Rottenburg
Telefon (0 48 45) 7904-0
Telefax (0 48 45) 7904-11
Info@kopp-verlag.de
http://www.kopp-verlag.de

**Als Mythos und Saga eines alten Volkes gehört die »Chronik von Akakor« zu den erstaunlichsten und umstrittensten Schriften der Menschheitsgeschichte**

Daß die »Chronik von Akakor« bisher weitgehend unbekannt geblieben war, liegt an ihrem Charakter als Geheimbuch. In ihr wird die über 10.000 Jahre reichende Geschichte des südamerikanischen Stammes der Ugha Mongulala durch ihren Häuptling Tatunca Nara erzählt, der sich 1972 dem ARD-Korrespondendenten Karl Brugger anvertraute.

Die Chronik erwähnt unbekannte Zusammenhänge und stellt der klassischen Geschichtsschreibung ein eigenes Bild gegenüber, das sich in den letzten Jahren durch zahlreiche archäologische Funde bestätigt hat.

Die Ugha Mongulala erzählen nicht nur ihre eigene Entwicklung, sondern erwähnen auch die Ankunft weißer Götter in früherer Zeit, die Ankunft der aus Europa stammenden Goten und – in den vierziger Jahren des 20. Jahrhunderts – das Eintreffen von zweitausend deutschen Soldaten, die aufgrund der Entwicklung gegen Kriegsende nicht mehr nach Deutschland zurückkehren konnten.

Die gesamte Brisanz dieser Chronik wird nicht zuletzt durch die Tatsache dokumentiert, daß Karl Brugger bei seinen weiteren Recherchen in Brasilien auf offener Straße von Unbekannten erschossen wurde.

**Lange vergriffen –**
**jetzt endlich als limitierte Neuauflage**

*Paperback*
*241 Seiten*
*zahlreiche Abbildungen*
*Best.-Nr. 8100*
*29.80 DM*

---

**KOPP VERLAG**
Graf-Wolfegg-Straße 71
D - 72108 Rottenburg
Telefon (0 48 45) 7904-0
Telefax (0 48 45) 7904-11
Info@kopp-verlag.de
http://www.kopp-verlag.de